KB110866

프로세스 관리를 활용한
경영 시스템 구축

프로세스 관리를 활용한 경영 시스템 구축

발행일 2019년 5월 29일

지은이 이태곤
펴낸이 손형국
펴낸곳 (주)북랩
편집인 선일영 편집 오경진, 강대건, 최승헌, 최예은, 김경무
디자인 이현수, 김민하, 한수희, 김윤주, 허지혜 제작 박기성, 황동현, 구성우, 장홍석
마케팅 김회란, 박진관, 조하라
출판등록 2004. 12. 1(제2012-000051호)
주소 서울시 금천구 가산디지털 1로 168, 우림라이온스밸리 B동 B113, 114호
홈페이지 www.book.co.kr
전화번호 (02)2026-5777 팩스 (02)2026-5747

ISBN 979-11-6299-705-5 13320 (종이책) 979-11-6299-706-2 15320 (전자책)

이 도서의 국립중앙도서관 출판예정도서목록(CIP)은 서지정보유통지원시스템 홈페이지(http://seoji.nl.go.kr)와
국가자료공동목록시스템(http://www.nl.go.kr/kolisnet)에서 이용하실 수 있습니다.
(CIP제어번호: CIP2019020753)

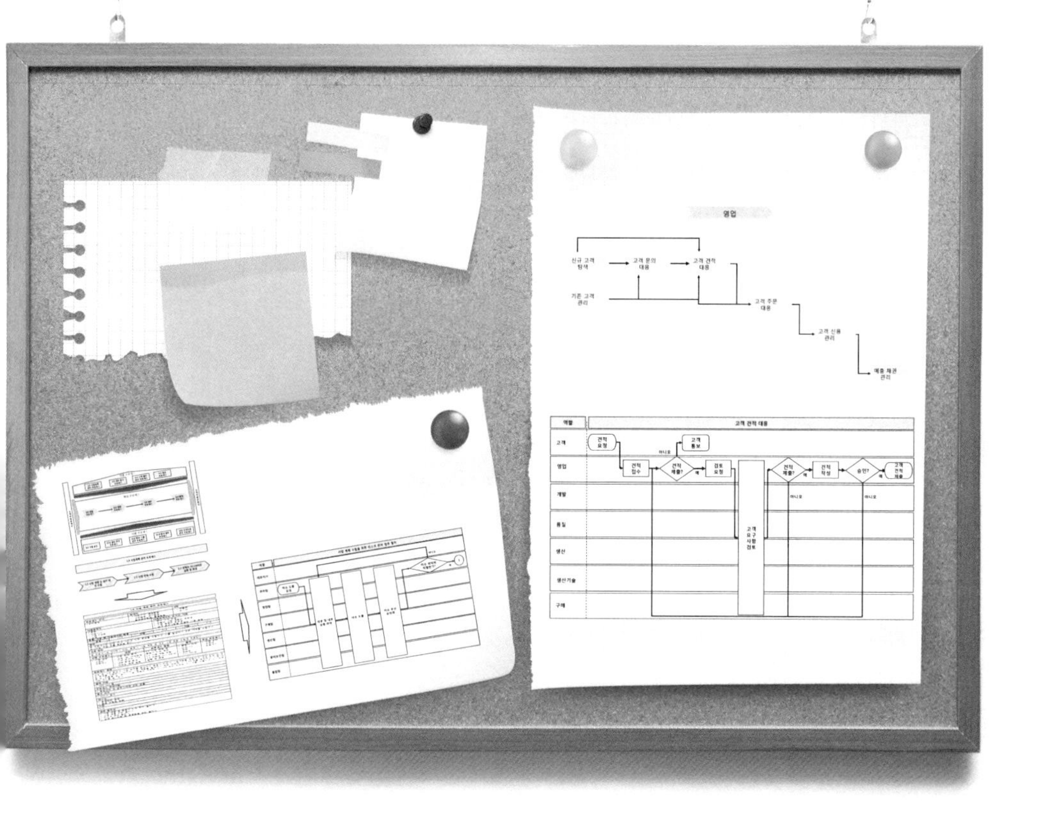

이태곤 지음

프로세스 관리를 활용한
경영 시스템 구축

북랩 book Lab

머리말

기업의 경영 활동을 할 때 프로세스라는 단어를 많이 사용한다. 너무도 흔하게 프로세스라는 용어를 사용하기 때문에 실제로 프로세스가 어떠한 의미를 가지는지 깊이 있게 이해하고, 경영 활동에 프로세스 관리를 잘 활용하고 있는지에 대한 의문이 드는 것이 현실이다. 그렇기 때문에 필자는 우선적으로 본 책을 통해서 프로세스에 대한 정의를 규명하고자 하였다. 이를 위해서 프로세스라는 개념이 산업사회에서 어떻게 변화했는지를 파악하고, 프로세스 관리의 목적을 규명하여 기업의 경영 시스템을 구축하기 위해 프로세스 관리가 어떻게 활용되는지를 알아보고자 하였다.

또한 프로세스 관리를 활용하여 기업이 경영 시스템을 구축하였다고 하더라도, 프로세스를 어떻게 관리하는지를 모른다면 기업의 경영 활동과 프로세스 관리가 따로 운영되어 실제로는 기업에 도움이 되지 않을 수도 있다. 그렇기 때문에 필자는 프로세스 관리가 기업의 경영 활동에 어떻게 사용될 수 있는지도 소개하고자 하였다.

필자가 프로세스 관리에 대해 관심을 가지게 된 것은 2014년이었다.

필자는 독일계 회사와 한국 회사에서 경영시스템 관리에 대한 업무를 한 적이 있다. 두 곳의 회사에 근무하면서 경영시스템 업무에 대한 이해와 관리 방식이 서로 다름을 알게 되었다. 그리고 독일 회사가 경영시스템과 관련하여 많은 비용과 노력을 들인다는 느낌을 받게 되었다. 2019년도에 와서야 이 책을 출판하게 되었으나, 그동안 독일 회사는 왜 그런 방식으로 프로세스 관리를 하고 있는가에 대한 필자 나름의 공부와 고민을 통해 도달하게 된 결론을 제시하는 것이라 이해해주었으면 한다.

필자가 이 책을 통해서 프로세스 관리에 대한 모든 것을 제공하고자 하는 것은 아니다. 프로세스 관리 자체가 관련 서적도 매우 많고 정해진 답이 있는 게 아니어서 모든 것을 다루고자 노력하는 것 자체가 매우 무모한 행위이기 때문이다.

다만, 이 책을 통해서 독자가 프로세스 관리의 목적과 활용 방법에 대한 개략적인 이해를 얻는 것과 더 전문성을 높이고자 하는 이를 위한 입문서 역할을 했으면 하는 바람으로 이 책을 쓰게 되었다.

C O T E N T S

1

프로세스 관리 개요

1.1 프로세스 관리의 필요성

기업은 시장에서 팔릴 수 있는 품질 좋은 제품을 경쟁력 있는 가격으로 고객에게 제공하고 고객으로부터 대가를 받아 매출을 올린다. 그리고 기업은 매출을 통해 달성한 이윤을 바탕으로 경영을 지속하게 된다. 즉, 기업은 경영 활동을 통해 효과성과 효율성을 달성해야 지속 가능 한 기업이 될 수 있는 것이다. 여기에서 기업이 달성한 매출이 기업의 효과성이 되고, 매출로부터 얻은 이익이 기업의 효율성이 된다.

ISO 9000에서 규정한 효과성과 효율성의 정의는 아래와 같다.

- 효과성: 계획된 활동이 실현되어 계획된 결과가 달성되는 정도
- 효율성: 달성된 결과와 사용된 자원 간의 관계

기업이 매출을 창출할 수 있는 이유는 고객이 원하는 제품을 제조하여 판매하기 때문이다. 기업이 아무리 제품을 잘 제조한다고 하더라도 그 제품을 고객이 원하지 않는다면 기업은 매출 창출에 실패할 것

이다. 일례로 어떤 기업이 2G 휴대폰을 아무리 잘 만든다고 하더라도, 그 제품에 대한 수요가 매우 적기 때문에 기업이 이로부터 창출할 수 있는 매출은 그리 크지 않을 것이다.

그리고 기업이 아무리 높은 매출을 창출하였다고 하더라도, 매출을 창출해내는 제품을 만들 때 높은 비용이 소요된다면 그 기업은 판매한 제품으로부터 이익을 얻지 못하기 때문에 지속가능 한 기업이 되지 못할 것이다.

여기에서 보는 바와 같이 기업은 고객이 원하는 제품을 효율적으로 제조하여 판매해야 지속 가능할 수 있다는 것을 알 수 있다. 즉, 최소의 비용으로 최대의 효과를 내도록 하는 것이 기업의 지속가능성을 위해 필요한 것이다. 기업은 이를 위해서 지속적으로 효율성과 효과성을 향상시키기 위한 활동을 해야 한다.

저비용 구조를 갖는 기업의 경우, 고객이 원하는 제품을 만드는 데 있어 효율성이 낮아도 경쟁력을 가질 수 있다. 왜냐하면, 제품 제조 과정에 있어서 낭비가 발생하여도 그 비용 자체가 고비용 구조의 경쟁사보다 저렴하며, 고객은 그렇게 낭비되는 비용을 기꺼이 지불한다고 하더라도 경쟁사보다 더 저렴한 가격으로 원하는 제품을 구매할 수 있기 때문이다. 이러한 저비용 구조인 경우에는 목표 달성을 위한 과정을 관리하지 않고 결과만 관리해도 기업의 지속성을 위해 충분할 수 있다.

그러나 고비용 구조를 갖는 기업의 경우, 제조 과정에서의 낭비 자체가 비용에 많은 압박을 주기 때문에 제조 과정 자체를 낭비 없이 관리해야 고객이 원하는 제품을 판매하여 이익을 남길 수 있을 것이다. 그렇기 때문에 고비용 구조의 경우, 원하는 결과를 달성하기 위해 제품을 제조하는 과정을 철저히 관리할 수밖에 없다. 구조적으로 비용이 많이 들기 때문에 과정이 최적화되어야 추가적으로 발생할 수 있는 낭비를 제거할 수 있는 것이다.

성장세가 높은 개발도상국의 경우, 대부분 선진국의 제품을 벤치마킹하여 매출을 창출한다. 이러한 개발도상국은 상대적으로 저비용 국가이기 때문에, 제품을 만들어내는 데에 있어서 시행착오와 같은 낭비가 발생하더라도 제품을 만들어 내는 것에 성공한다면 결과적으로 만들어진 제품의 가격은 저렴하다. 그래서 제품 판매에 있어서 경쟁력을 가질 수 있다. 그렇기 때문에 개발도상국가의 경우, 대체로 과정보다 결과를 더 중요시하는 경향을 보이게 된다. 그와 비교하여 이미 선진국인 경우, 비용 구조가 개발 도상국가와 비교하여 상대적으로 매우 높다. 이러한 선진국의 경우에는, 제품을 만들어 내거나 개발하는 과정을 매우 까다롭게 관리한다. 그렇게 해야 조금이라도 제품을 만드는 데 드는 비용을 줄일 수 있기 때문이다. 그래서 선진국의 경우에는 결과를 만들어 내기 위한 과정 자체를 관리하는 데에 중점을 많이 두고 있다.

우리나라도 1980년대나 1990년대에는 상대적인 저비용 국가로, 선진국의 제품을 벤치마킹하여 경쟁사보다 저렴한 가격의 제품을 판매함으로써 이익을 얻을 수 있었다. 그러나 지금은 우리나라도 세계적으로는 고비용 국가에 해당한다. 그렇기 때문에 이제는 제품을 만드는 과정을 관리하여 제품을 만드는 데에 있어서 낭비를 줄이도록 노력해야 한다. 그래야만 경쟁력을 지속적으로 유지할 수 있기 때문이다. 이렇게 제품을 만드는 과정을 관리하는 것이 바로 프로세스 관리라고 볼 수 있다.

월마트와 코스트코는 세계적으로 활동하는 대규모의 소매 유통업체이다. 단순하게 보면 두 기업 모두 고객에게 낮은 가격에 좋은 제품을 판매한다는 정책을 가지고 있다. 또한 월마트와 코스트코 모두 제품을 제조하지 않고 유통만을 하는 유통 전문 기업이다. 그러나 월마트와 코스트코의 운영 방식은 서로 다르다. 누구나 알 수 있는 것으로, 코스트코의 경우 회원제로 운영을 하고 있다. 코스트코에 회비를 납부한 회원만이 코스트코에 방문하여 물건을 구매할 수 있는 것이다.

이렇게 누구나 알고 있는 차이점 외에도 차이점이 있다. 월마트는 다양한 제품을 저렴하게 고객에게 제공하는 것을 목표로 하여 운영을 하고 있다. 이에 반하여 코스트코의 경우, 동일한 제품을 상위 몇 개 브랜드로부터 대량으로 제공받아서 이를 고객에게 제공하고 해당 제품의 회전율을 높임으로써 고객에게 저렴한 제품을 공급하는 것을 목표로 하여 운영을 하고 있다. 이는 월마트와 코스트코의 미션 선언서만을 확인해도 그 차이를 알 수 있다.

- 코스트코 미션: 우리의 회원들에게 좋은 품질의 제품과 서비스를 가능한 낮은 가격에 제공하는 것이다(to continually provide our members with quality goods and services at the lowest possible price).
- 월마트 미션: 사람들의 돈을 절약함으로써 그들이 더 나은 삶을 살 수 있도록 하는 것이다(to save people money so they can live better).

이렇게 월마트와 코스트코는 동일한 유통 전문 기업이지만, 고객에게 제품을 제공하는 과정을 달리하면서 지속 가능한 경영을 하고 있다. 월마트와 코스트코의 차이점은 결국은 목적을 달성하기 위한 과정, 즉 프로세스에서 차이점을 보임을 알 수 있다. 월마트와 코스트코는 각각이 추구하는 방향에 맞게 프로세스를 구축하여 해당 프로세스의 효과성과 효율성을 높임으로써 이익을 달성하여 경영을 지속해 나가고 있는 것이다. 그렇기 때문에 기업이 추구하는 가치관에 맞게 프로세스를 구축하여 이를 관리하고 운용해 나가는 것이 기업에게 중요하다는 것을 알 수 있다.

1.2 프로세스의 정의

현대 산업 사회에서는 프로세스라는 단어를 익숙하게 사용하고 있다. 그러나 프로세스라는 단어가 외국어이기 때문인지는 모르겠으나, 프로세스의 뜻이 정확하게 무엇인지에 대한 인식은 부족해 보인다. 많은 경우 프로세스는 공정이라는 단어로 번역되기에, 프로세스를 생산 공정에서 물건을 만들기 위한 과정으로 인식하는 것 같다.

그러나 옥스퍼드 영어 사전에서는 프로세스를 '특정한 결과물을 만들어 내기 위해 취하는 활동의 집합 또는 단계'로 정의한다. 그리고 품질 경영 시스템과 관련된 용어의 의미를 규정하고 있는 ISO 9000 표준에서는 프로세스에 대해 '의도된 결과를 만들어 내기 위해 입력을 사용하여 상호 관련되거나 상호 작용하는 활동의 집합'이라고 정의를 내리고 있다.

이와 같이 서양에서는 프로세스를 특정한 목표를 달성하기 위한 활동으로 정의하고 있으나, 우리나라에서는 프로세스를 기술적인 작업이 진행되는 과정이나 진척되는 정도라고 번역하고 있어 옥스퍼드 영어 사전과 ISO 9000의 뜻과는 정확하게 일치하지 않는 것으로 보인다. 다시 한번 프로세스에 대한 각각의 정의를 구분하면 아래와 같다.

프로세스에 대한 정의

- 옥스퍼드 영어 사전: 특정한 결과물을 만들어 내기 위해 취하는 활동의 집합 또는 단계
- ISO 9000: 의도된 결과를 만들어 내기 위해 입력을 사용하여 상호 관련되거나 상호 작용하는 활동의 집합
- 국어사전: 기술적인 작업이 진행되는 과정이나 진척되는 정도

이렇게 프로세스라는 단어의 의미가 차이를 보이는 이유는 무엇일까? 대부분의 기업은 ISO 9001 인증을 획득하고 있다. 프로세스라는 단어의 의미가 달라지게 된 것은 우리가 인증을 받고 있는 ISO 9001 표준에서 프로세스라는 단어의 뜻이 달라진 것과 관련이 있다.

ISO 9001 표준에 큰 변화를 가져오는 주요 제정 및 개정만으로 국한하여 보았을 때, ISO 9001 표준은 1987년도에 제정되어서 사용되어 오다가 2000년도에 대폭 개정되어 오늘날은 ISO 9001 2015년도 개정본이 사용되고 있다. ISO 9001 1987년도 버전에서는 프로세스를 우리가 알고 있는 '일이 진행되는 과정이나 진척되는 정도'라는 의미로 썼다. 그러다가 ISO 9001 2000년 버전에서 품질경영 8원칙이 채택되며

품질경영 8원칙 중 하나인 프로세스 접근방법에서 프로세스라는 용어의 뜻이 지금의 ISO 9000 표준에서 사용하는 용어로 정의되게 된 것이다.

Tip

ISO 9001 표준은 품질 경영 시스템에 대한 요구 사항을 규정한 것으로, 제조하거나 서비스를 제공하는 기업들은 고객이 요구하거나 국제 표준을 준수하고 있음을 증명하고 싶은 자발적인 요구로 인증을 획득하는 표준이다. 이와 관련하여 ISO 9001 표준에서는 인증과 관련해 조직의 품질 경영 시스템에 대한 요구사항을 규정하고 있고, ISO 9000 표준은 ISO 9001 표준에서 사용하고 있는 용어를 정의하고 ISO 9001에서 채택하고 있는 품질 경영 원칙을 설명하고 있다. 그렇기 때문에 용어에 대한 설명을 할 때는 ISO 9000 표준을 언급하고 있다.

이렇게 프로세스에 대한 정의를 새롭게 내리고 프로세스 접근법을 채택하고 적용해 나가면서 프로세스라는 용어가 '의도된 결과를 만들어 내기 위해 입력을 사용하여 상호 관련되거나 상호 작용하는 활동의 집합'으로 정의되게 된 것이다. 가장 최근에 개정된 ISO 9001 표준은 2015년도 개정본으로, 현 개정본에서는 품질경영 8원칙이 7원칙으로 변경이 되었다. 그러나 '프로세스 접근방법'은 '프로세스 접근법'으로 단순히 용어만 변경되어 2000년도에 적용된 정의와 설명이 일절 변화 없이 그대로 이어져 오고 있다.

이상으로 우리는 프로세스에 대한 용어의 정의를 살펴보았고 그 변화 과정을 대략적으로 알아보았다. 이제 이 책에서는 프로세스가 '기술적인 작업이 진행되는 과정이나 진척되는 정도'가 아니라 '의도된 결과를 만들어 내기 위해 입력을 사용하여 상호 관련되거나 상호 작용하는 활동의 집합'을 뜻한다는 것을 알 수 있을 것이다.

1.3 ISO 9001과 프로세스

우리는 앞에서 프로세스라는 용어에 대한 정의를 내리고 프로세스의 뜻이 변화는 과정을 살펴보았다. 그 과정에서 우리는 ISO 9001 표준이 프로세스라는 용어를 정의함에 있어서 중요한 역할을 하였음을 알게 되었다. 그러면 ISO 9001 표준에서는 왜 프로세스라는 용어의 정의를 변경하여 사용하게 되었는지 궁금해질 것이다. ISO 9001 표준은 왜 개정되었으며, ISO 9001 표준은 어떤 역할을 하는 것일까?

ISO 9001 표준은 ISO의 많은 표준 중에서 전 세계적으로 가장 많이 사용되고 있는 표준으로, 1987년도에 제정되었고 여러 번의 개정을 거치면서 현재까지 이어져 오고 있다. ISO 9001 표준 이전에는 미국, 영국 등 여러 국가에서 독자적인 인증을 요구하다가, 1980년대에 들어서면서부터 국제적으로 무역이 활발해지면서 여러 국가의 인증 요건을 단순화하기 위해 단일 표준으로 발행한 것이 ISO 9001 표준이다.

현재는 ISO 9001 표준을 기본적으로 갖추어야 할 표준으로 인식하고 있으나, ISO 9001 표준의 모태라고 볼 수 있는 미국의 MIL-Q-9858 표준의 경우는 미국 내 선진 기업의 사례를 조사하여 여러 기업들이 벤치마킹할 수 있는 모범 사례로 삼고자 만들어진 것이다. ISO 9001 표준도 현재는 2015년 버전을 최신 버전으로 하고 있는데, 2015년 개정 표준 또한 선진 글로벌 기업들의 경영 방식을 바탕으로 하여 만들어졌다. 그렇기 때문에 ISO 9001 표준은 기본적으로 갖추어야 할 표준이라기보다는 기업의 경영 활동에서 글로벌 기업의 사례를 벤치마킹할 수 있는 기회라는 인식을 갖는 것이 중요하다.

ISO 9001 표준과 프로세스 관리는 어떤 관계가 있는 것일까? 우선 ISO 9001 표준의 제목이 어떠한 변화 과정을 거쳤는지 살펴보는 것이 의미 있을 것으로 보인다. ISO 9001 표준 제목의 변화 과정은 아래와 같다.

- ISO 9001: 1987 Quality systems - Model for quality assurance in design/development, production, installation and servicing(품질 시스템 - 설계/개발, 생산, 설치 및 서비스에서의 품질 보증을 위한 모델)

- ISO 9001: 1994 Quality systems - Model for quality assurance in design/development, production, installation and servicing(품질 시스템 - 설계/개발, 생산, 설치 및 서비스에서의 품질 보증을 위한 모델)

- ISO 9001: 2000 Quality management systems - Requirements
  (품질 경영 시스템 - 요구사항)

- ISO 9001: 2015 Quality management systems - Requirements
  (품질 경영 시스템 - 요구사항)

상기에서 보는 바와 같이 ISO 9001 2000년 판을 기점으로 ISO 9001의 제목이 변화한 것을 볼 수 있다. 이전 버전에서는 ISO 9001 표준이 품질 보증 관점에서 구성되었다면, ISO 9001 2000년 판부터는 경영의 관점을 포괄적으로 접목하여 품질 경영 시스템에 대한 요구사항을 규정하였음을 볼 수 있다. 이렇게 ISO 9001이 개정되어 경영의 관점이 포함되면서, ISO 9001 2000년 판부터 품질 경영 시스템에서 프로세스 관리 관점이 강조되게 되었다. 이를 바탕으로 우리는 이 프로세스 관리 방법이 경영 분야에서 2000년 이전부터 사용되었다는 것을 알 수 있다.

2

프로세스 관리를 활용한 경영 시스템 관리 개요

2.1 경영에서 프로세스 관리의 적용

경영에서 품질 관리와 비용 관리가 중요해진 것은 1980년대부터이다. 1980년대, 일본 제품이 가격뿐만 아니라 품질에서도 우수한 경쟁력을 갖추고 여러 국가에서 많이 판매되자, 미국과 유럽의 기업들이 위기감을 느껴 일본 기업의 강점을 조사하고 스스로를 개선하는 활동을 전개해 나가면서 품질 향상과 비용 절감이 중요성을 가지게 된 것이다. 1980년대 이후에 미국에서 효율적인 품질 개선과 관련된 여러 가지 활동들이 전개되었으며, 그 결과 '6 시그마', 'TQM' 및 '린 생산 방식' 등과 같은 방법론들이 개발되었다. 프로세스를 활용한 관점은 '6 시그마'에 그 원천이 있다고 볼 수 있는데, '6 시그마'를 통한 프로세스 개선 활동으로부터 프로세스 관리의 관점이 태동했다고 할 수 있다.

1990년 마이클 해머(Michael Hammer)가 하버드 비즈니스 리뷰에 'Reengineering Work: Don't Automate, Obliterate'라는 제목의 논문을 발표하면서 비즈니스 프로세스 리엔지니어링(BPR)이라는 개념이 소개되었다. 이때 비로소 프로세스라는 용어가 "의도된 결과를 만들어 내기 위해 입력을 사용하여 상호 관련되거나 상호 작용하는 활동의 집합"으로 정의되게 된 것이다.

비즈니스 프로세스 리엔지니어링은 다소 과격한 개념으로, 현재의 비즈니스 프로세스를 버리고 처음부터 비즈니스 프로세스를 재설계하여 완전히 새로운 비즈니스 프로세스를 구축한다는 개념을 담고 있다. 우리나라에서는 비즈니스 프로세스 리엔지니어링이 활발하게 전개되었다고 보기는 어려우나(사실, 저비용 구조 속에서 가격 경쟁력을 유지했기 때문에 비즈니스 프로세스 리엔지니어링 도입의 필요성을 느끼기가 어려웠을 수도 있고, IMF 사태로 인해 세계적인 트랜드를 좇기 힘들었을 수도 있다), 미국과 유럽에서는 비즈니스 프로세스 리엔지니어링이 매우 활발하게 전개되었다. 그러나 비즈니스 프로세스 리엔지니어링이 매우 과격한 측면을 가지고 있었고 기업 구조 조정의 수단으로 활용된 면이 적지 않았기 때문에 한계와 반발도 나오게 되었다.

그러다가 인적 자원과 지속적인 관리, 그리고 개선과 혁신의 중요성이 대두되고 IT 기술이 발전하면서 비즈니스 프로세스 리엔지니어링보다 발전적인 개념인 비즈니스 프로세스 경영(BPM)이라는 방법론이 생겨나 현재까지 이어져 오고 있다.

이상에서 보는 바와 같이 1990년대 비즈니스 프로세스 리엔지니어링 방법이 소개되고 적용된 후, 거기에 프로세스 관리 방법이 접목되어 비즈니스 프로세스 경영으로 발전되어 현재까지 이어져 오고 있다는 것을 알 수 있다.

2.2 경영과 프로세스

기업은 만들 수 있는 제품에 대한 잠재적 고객을 찾아 고객에게 제품의 우수성을 어필해 고객으로부터 주문을 받고, 고객이 요구하는 제품을 제공함으로써 고객으로부터 제공된 제품에 대한 대가를 받아 지속적으로 유지 및 발전하는 주체라고 볼 수 있다. 이렇게 기업은 고객이 원하는 제품을 제공하여 이윤을 획득한다는 목적을 가진 개인 또는 집단인 것이다.

우리는 프로세스를 "의도된 결과를 만들어 내기 위해 입력을 사용하여 상호 관련되거나 상호 작용하는 활동의 집합"이라고 정의하였음을 기억해야 한다. 이를 통해서 프로세스는 목적을 가지고 그 목적을 달성하기 위한 과정을 관리하는 활동이라는 것을 알 수 있다. 그렇기 때문에 기업의 경영 시스템은 프로세스로 이루어져 있다고 볼 수 있다.

예를 들면, 기업이 잠재적 고객을 찾는 활동은 '강점을 가지고 있는 제품'이라는 입력을 사용하여 여러 판촉 활동을 통해 주문을 하는 고객 유치라는 목적을 달성하기 위해 행하는 하나의 활동 또는 여러 활동의 집합으로 볼 수 있다.

다른 예를 들어보자. 수제비를 만들어서 고객에게 제공하는 식당이 있다고 하자. 이 식당의 주인이 식당을 경영하는 이유는 무엇일까? 그것은 단순하게도 수제비를 고객에게 제공해 대가를 받고, 받은 대가로부터 이윤을 얻어 생계를 유지하고 식당을 유지하거나 식당을 더욱 발전시키고자 하는 것일 것이다. 이를 위해서 식당 주인은 식당의 이름 또는 다른 표현을 통해 최소한으로는 식당이 수제비를 파는 곳임을 알리고자 할 것이고, 추가적으로 전단지나 지역 광고를 통한 판촉 활동으로 잠재적인 고객들을 식당을 찾는 고객으로 만들고자 할 것이다. 이러한 활동 또한 식당을 찾는 고객을 창출하기 위한 활동으로 프로세스라는 것을 알 수 있다.

이렇게 단순하게는 작은 식당으로부터 복잡하게는 대규모의 기업까지, 모든 주체들의 경영 활동은 목적을 달성하기 위한 활동인 프로세스로 이루어져 있다. 사실 이는 개인의 삶에도 똑같이 적용된다. 개인이 밥을 먹는 활동 또한 배고픔을 해결하기 위해, 배고픔이라는 입력으로부터 밥 먹는 활동을 통해 배고프지 않기 위한 목적을 달성하기 위한 활동, 즉 프로세스인 것이다.

이렇게 인간의 삶은 프로세스로 이루어져 있기 때문에, 목적을 달성하고자 하는 기업이 프로세스를 잘 정의하고 활용한다면 원하는 목적을 효율적으로 달성할 수 있다는 개념에서부터 프로세스 관리가 시작되는 것이다.

3

기업 경영 시스템의 구성

3.1 핵심 프로세스와 경영 및 지원 프로세스

기본적으로 기업은 고객이 있어야 존재할 수 있다. 그렇기 때문에 고객과의 접점을 갖는 활동을 관리하는 것이 기업 경영에서 가장 중요한 요소가 될 것이다. 그리고 고객과의 접점을 갖는 활동에서 부가 가치를 만들어 낼 수 있어야, 기업은 활동을 통한 이익을 창출하여 기업 경영을 지속해 나갈 수 있다.

활동을 관리하기 위해서는 해당 활동이 달성하고자 하는 목표를 정하고, 그 목표를 달성하기 위해서 자원을 활용하여 활동을 수행하고 관리하여야 한다. 이러한 목표 달성을 위한 활동을 관리하는 것이 프로세스 관리이다.

기업의 활동을 관리하기 위해 프로세스를 구축한다는 관점에서, 기업의 프로세스를 핵심 프로세스와 경영 프로세스 및 지원 프로세스로 나눌 수 있다. 여기에서 핵심 프로세스라는 것은 고객과의 접점을 가진 부가가치를 만들어 내는 프로세스이다. 그리고 핵심 프로세스가 원활하게 수행되어 원하는 목표를 달성하기 위해 핵심 프로세스를 지원하는 프로세스가 바로 지원 프로세스이다. 또한, 핵심 프로세스 또는 지원 프로세스와 관련되어 활동이나 자원의 분배를 결정하는 프로세스가 바로 경영 프로세스이다.

일반적인 시각에서는 경영 프로세스를 기업 전반을 관리하는 프로세스로 생각하며, 핵심 프로세스와 지원 프로세스를 모두 포함한 기업의 모든 프로세스를 경영 프로세스라 볼 수 있다. 그러나 프로세스 관리의 관점에서 프로세스를 명확히 구분하기 위하여 '기업의 의사 결정과 관련된 프로세스'를 경영 프로세스라고 정의한다. 앞서 경영 프로세스와 지원 프로세스를 구분하여 설명하였으나, 경영 프로세스와 지원 프로세스를 합쳐서 경영 지원 프로세스로 구분하는 경우도 있다.

이렇게 기업의 경영 시스템을 형성하는 프로세스를 그림으로 표현하면 뒤에 나올 그림 3.1.1과 같다. 이러한 프로세스 중에서 생산 프로세스의 경우 고객으로부터 받은 주문을 바탕으로 고객이 원하는 제품을 제조하는 프로세스이다. 또한, 생산 프로세스는 이러한 제조 활동으로부터 부가가치를 만들어 낸다. 이와 같이 생산 프로세스는 고객과의 접점을 가지며, 부가가치를 만들어 내기 때문에 핵심 프로세스에 해당한다.

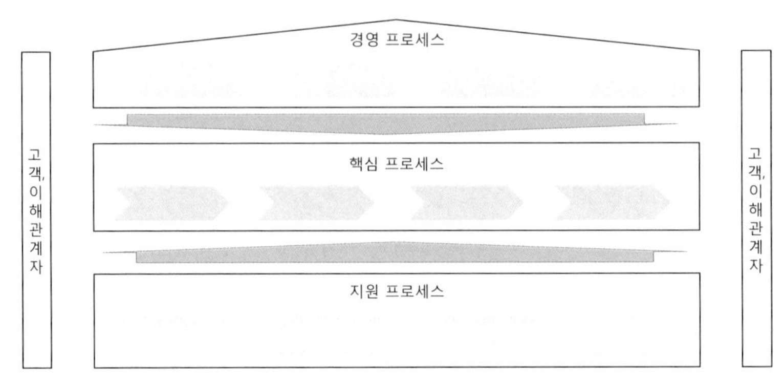

그림 3.1.1 경영 프로세스, 핵심 프로세스 및 지원 프로세스

그에 반하여 제품을 검사하는 검사 프로세스의 경우에는 만들어지고 있거나 만들어진 제품을 검사한다. 제품을 검사할 때는 고객의 요구사항 또는 고객이 사용하기에 적합한지를 근거로 하여 검사를 수행한다. 즉 고객과의 접점을 갖는다. 그렇지만 검사 프로세스는 만들어진 제품이 적합한지 아니면 부적합한지를 검사하기 때문에 검사 프로세스 자체로는 부가가치를 만들어내지 못한다. 뿐만 아니라 생산 제품에서 아무런 결함이 없다면 이러한 검사 프로세스는 오히려 불필요하다. 이러한 관점에서 검사 프로세스는 비록 고객과의 접점을 가지기는 하지만, 부가가치를 만들어 내지는 않고 생산 프로세스를 지원하고 있기 때문에 지원 프로세스임을 알 수 있다.

그리고 사업 계획을 수립하는 프로세스의 경우 사업 계획 수립 시에 시장이나 고객 요구 사항, 그리고 내부 상황 등을 반영하여 기업을 경영하기 위한 사업 계획을 수립한다. 이러한 사업 계획을 수립하는 프로세스는 기업의 전략 방향, 방침, 목표, 그리고 필요 자원을 결정하고, 자원의 활용을 통하여 기업이 올바른 방향으로 나가고 있는지를 확인한다. 그렇기 때문에 사업 계획 프로세스 자체로는 부가 가치를 만들어 내지 못한다. 이렇게 고객과의 직접적인 관련이 없고 부가 가치를 만들어 내지는 못하지만, 기업을 효과적이고 효율적으로 경영하기 위해 프로세스 운영에 관한 의사 결정을 하는 프로세스가 경영 프로세스가 된다.

이렇게 프로세스 관리를 활용하여 기업의 경영 시스템을 구축할 때, 프로세스를 핵심 프로세스, 지원 프로세스, 그리고 경영 프로세스로 나누어서 관리하게 된다.

3.2 프로세스의 순서와 상호 작용

앞에서 살펴본 바와 같이 기업의 경영 시스템은 고객과의 접점을 가지면서 부가 가치를 만들어 내는 핵심 프로세스와 기업의 프로세스를 관리하고 지원하는 경영 프로세스 및 지원 프로세스로 이루어져 있음을 알 수 있다. 기업은 이러한 프로세스들을 활용하여 기업의 경영 시스템을 구축하여 운영하게 된다. 그러나 이러한 프로세스가 각각의 목적 달성만을 위하여 존재하게 된다면 오히려 기업 경영의 효율성을 떨어뜨릴 수도 있다.

예를 들어 어떤 기업에 다른 산업 구조의 고객을 담당하는 세 명의 영업 담당 직원이 있다고 해보자. 그리고 각 산업에서 자주 사용되지는 않지만 공용으로 사용되는 제품 A가 있다. 이때 영업 담당 직원이 고객으로부터 주문을 접수하고 기업의 내부 오더 시스템에 오더를 입력하면 생산 부서에서 생산 계획을 수립하여 생산을 진행한다.

이 기업에서는 세팅 변경 횟수를 줄여서 생산 프로세스의 효율성을 높이기 위해 A 제품의 주문 수량이 500개가 되어야 제품을 생산한다. 특정 월에 이 세 명의 영업 직원은 각기 다른 고객으로부터 60일의 납기로 300개의 제품을 주문받았다. 영업 직원들은 주문 수량이 500개가 되어야 제품을 생산한다는 것을 이미 알고 있기 때문에, 각각의 고객이 300개씩 주문했음에도 불구하고 내부 주문 시스템에는 필요 수량을 500개가 되도록 입력하였다. 그래서 생산 부서에서는 1,500개의 주문을 접수하고 1,500개의 제품을 생산하였다.

이 경우 세 명의 고객은 요구한 수량의 제품을 납품받았기 때문에 고객의 요구 사항은 충족되었다. 그리고 세 명의 영업 사원도 고객의 주문에 따라서 제품을 생산하여 납품하였기 때문에 영업 부서도 수행된 업무에 만족했다. 그러나 제품 창고에는 과잉 생산된 제품 600개가 남아 있고, 생산 부서에서도 다른 제품을 만들 시간에 A 제품을 만드는데 시간을 소비하였다. 또한 구매 부서에서는 900개의 제품을 만드는데 필요한 자재만 조달하면 되었음에도 1,500개를 만들 수 있는 자재를 조달하였고, 품질 부서에서도 900개가 아닌 1,500개의 제품을 검사하는데 자원과 시간이 소요되었다.

이와 같이 각 부서가 자신이 맡고 있는 업무 성과를 달성하는 것에만 노력한다면, 해당 부서는 성과를 달성할 수 있으나 오히려 기업 전체로 봤을 때는 낭비를 초래할 수 있다. A 제품에 대한 고객의 추가 주문이 없다면 600개의 제품은 폐기될 것이고, 결국 시간이 지나면 지날수록 이 주문으로부터 기업이 얻는 이익은 마이너스가 될 것이다.

이처럼 기업의 각 부서가 자신의 프로세스만의 목표를 달성하려고 한다면, 해당 프로세스는 성과를 달성할 수 있으나 기업 전체적으로는 성과가 하락하는 결과가 발생할 수도 있다. 그렇기 때문에 기업을 효과적이고 효율적으로 관리하기 위해서는 프로세스의 순서와 상호 작용을 파악하여 관리하는 것이 필요하다.

이를테면 영업 프로세스에서는 영업 프로세스의 후속 프로세스와 그 프로세스들 간의 상호작용을 파악하여, 영업 프로세스뿐만 아니라 후속 프로세스에서도 업무가 원활하게 수행될 수 있도록 해야 하는 것이다.

마찬가지로 구매 프로세스의 목적은 좋은 제품을 낮은 가격에 조달하여 생산 원가 절감에 기여하고 좋은 제품을 만드는 데 도움을 주는 것이다. 그러나 구매 프로세스에서 가격 절감만을 목표로 하여 가격 협상력을 높이기 위한 목적으로 동일한 부품을 공급하는 공급자를 많이 선정하였을 경우, 오히려 많아진 공급자로 인해 공급자별 매출이 낮아져서 공급자가 품질을 향상시키려고 하는 노력과 열정을 저하시킬 수도 있다. 이런 경우, 부품 구매가격은 낮아졌을지라도 부품의 품질이 저하되어 제품을 만드는 생산 프로세스에서 문제를 야기할 수도 있다.

결국 생산 프로세스와 상호작용 하는 구매 프로세스 또한 생산 프로세스와의 연계 활동이 원활하여야 제품 생산 활동이 원활하게 이루어짐을 알 수 있다.

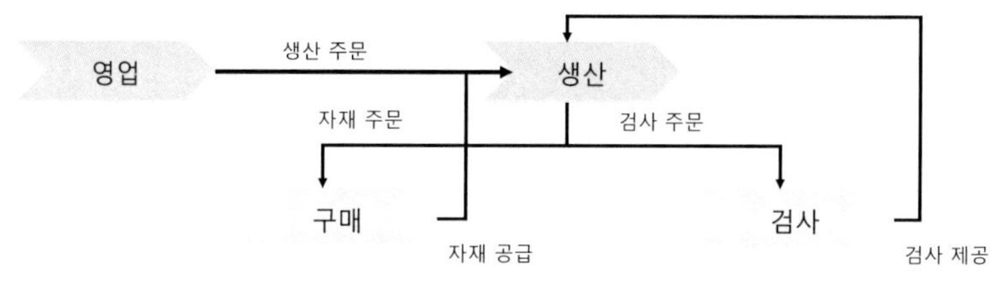

그림 3.2.1 프로세스의 순서와 상호작용

그렇기 때문에 기업 경영 시스템을 이루고 있는 프로세스를 수립할 때는 그림 3.2.1과 같이 각 프로세스들 간의 순서와 상호 작용을 정확하게 파악하여 관리해야, 각 프로세스뿐만 아니라 기업 경영 시스템도 달성하고자 하는 목표를 원활하게 달성할 수 있다.

3.3 프로세스의 위계 구조

프로세스는 하나의 활동으로 이루어질 수도 있으나 여러 활동의 조합으로 구성되어 있을 수도 있다. 영업 프로세스의 경우에도 고객으로부터 주문을 받아서 출하 계획을 수립하고 고객이 요구하는 시점에 요구하는 양을 납품하는 기본적인 활동 이외에도 신규 고객을 탐색하는 활동, 기존 고객을 관리하는 활동, 고객의 문의에 대응하는 활동, 고객의 견적 요청에 대응하는 활동, 고객의 신용을 관리하는 활동 및 고객의 매출 채권을 관리하는 활동 등 여러 가지 활동으로 구성되어 있다. 이럴 경우, 상위 프로세스를 파악하고 그 상위 프로세스를 구성하는 하위 프로세스들이 무엇인지를 파악하는 것이 바람직하다. 이를 통해 상위 프로세스를 운영하기 위한 하위 프로세스들의 순서와 상호 작용을 파악함으로써, 해당하는 상위 프로세스와 관련된 하위 프로세스들의 운영을 관리할 수 있기 때문이다.

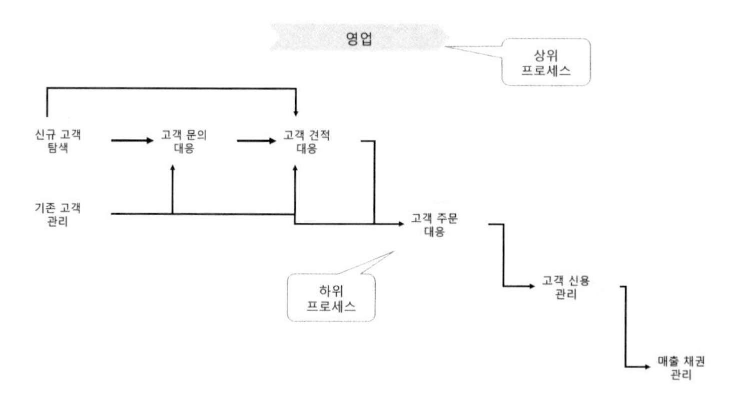

그림 3.3.1 영업 프로세스의 위계 구조

그리고 그림 3.3.1에서 고객의 견적 요청에 대응하는 프로세스는 뒤에 나올 그림 3.3.2와 같이 세부적인 업무 활동으로 나눌 수 있다. 그림 3.3.2의 세부 활동 중에서 영업 부서에서 실제로 견적서를 작성하는 단일 활동 같은 활동들을 직무라고 한다.

이러한 상위 프로세스, 하위 프로세스 및 직무의 구분은 경영 시스템에 대한 문서를 구축할 때나 문서 수준을 관리할 때 의미 있는 역할을 하게 된다.

그렇기 때문에 프로세스를 활용하여 경영시스템을 구축할 때에는 프로세스의 순서와 상호 작용뿐만 아니라 프로세스가 위계 구조까지 가지고 있음을 이해해야 원활하게 경영 시스템을 구축하고 관리할 수 있다.

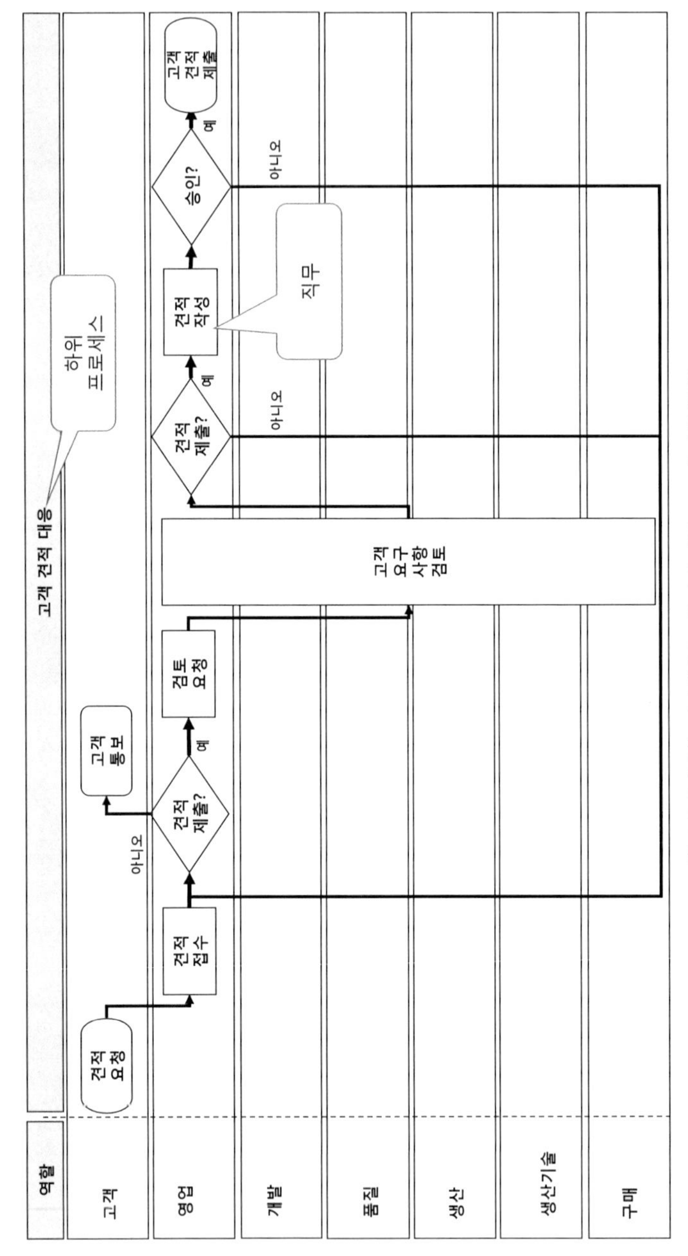

그림 3.3.2 하위 프로세스(고객 견적 대응 프로세스)와 직무

3.4 조직 구조와 프로세스의 연계

기업의 조직은 관리팀, 영업팀, 구매팀, 생산팀, 설비보전팀 및 품질팀 등 특정 기능의 업무를 전문적으로 하는 활동 단위를 기준으로 구성되어 있다. 이는 각 기능이 전문성을 발휘하는 것을 통해 해당 업무 분야의 효과성과 효율성을 높이기 위하여 조직을 구성했기 때문일 것이다.

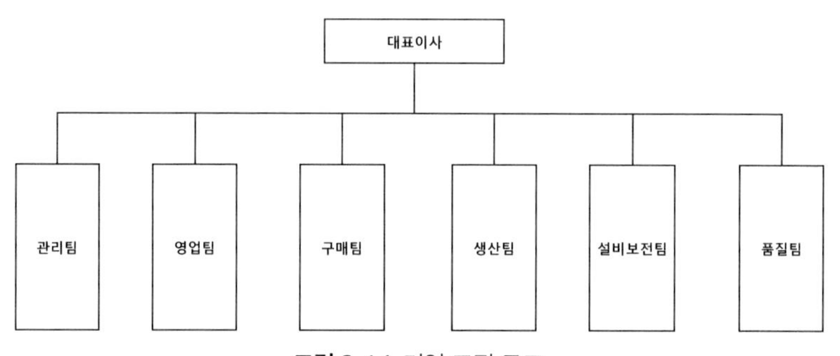

그림 3.4.1 기업 조직 구조

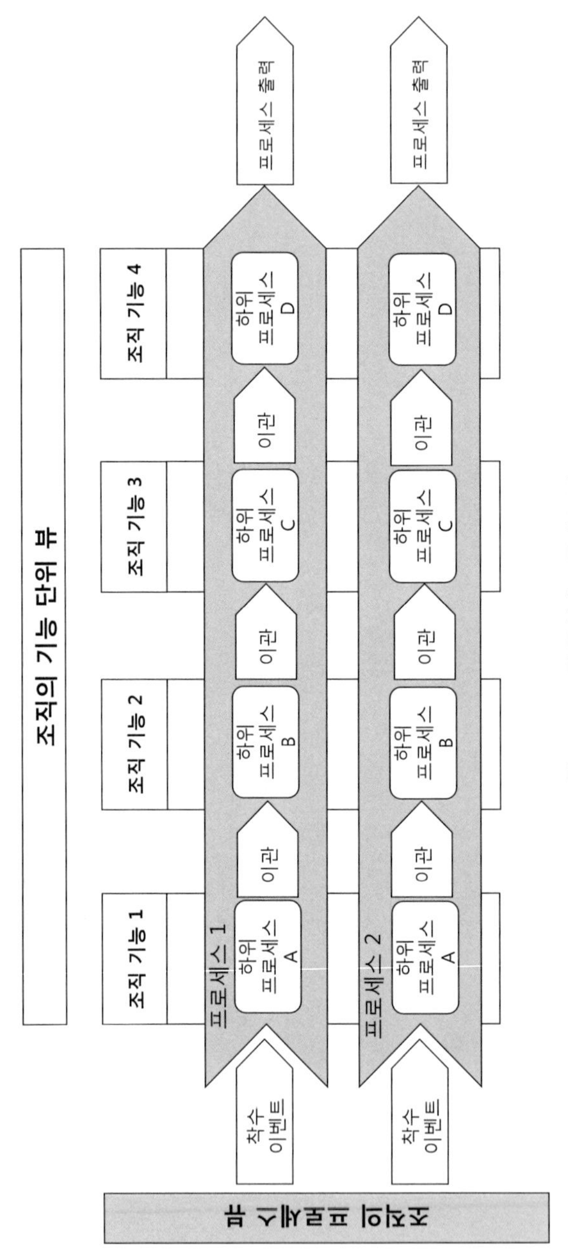

그림 3.4.2 조직 구성과 프로세스 비교

이에 반해서 프로세스는 그림 3.4.2와 같이 여러 팀을 포함하여 업무가 이루어지도록 구성된다. 프로세스 자체는 단일팀에만 해당하는 경우도 있지만, 그 업무의 단위 활동 과정에서 다른 팀의 지원을 필요로 하는 경우가 있기 때문이다.

앞서 나왔던 그림 3.3.2 고객 견적 대응 프로세스의 세부 직무 흐름을 보더라도 최소한 다른 관련 팀에서 고객 요구 사항을 검토할 필요가 있는 것을 알 수 있다. 왜냐하면, 고객 요구 사항을 충족시킬 수 있는지에 대해서 개발팀, 구매팀, 생산팀, 품질팀 등 연관된 부서로부터의 전문적인 지원이 필요하기 때문이다.

그렇기 때문에 기업 내에서 프로세스의 책임팀을 파악하고, 프로세스를 수행함에 있어서 다른 팀과의 연계성을 관리하기 위해 조직 구조와 프로세스를 연계할 필요가 있다.

프로세스 관리를 활용하여 기업의 경영 시스템을 구축할 때 우선적으로 고려해야 할 사항은 프로세스 책임자이다. 경영 시스템에서 프로세스를 정했다면, 그 프로세스의 활동과 성과에 대한 책임을 지는 사람을 정해야 프로세스가 원활하게 운영될 것이기 때문이다.

고객 견적 대응 프로세스를 보면, 그 프로세스의 책임자가 영업팀장임을 알 수 있을 것이다. 왜냐하면 해당 프로세스에서 대부분의 활동과 성과 산출이 영업팀에서 관리되기 때문이다. 고객 견적 대응 프로세스의 프로세스 책임자를 품질팀장으로 정하면 어떻게 될 것인가?

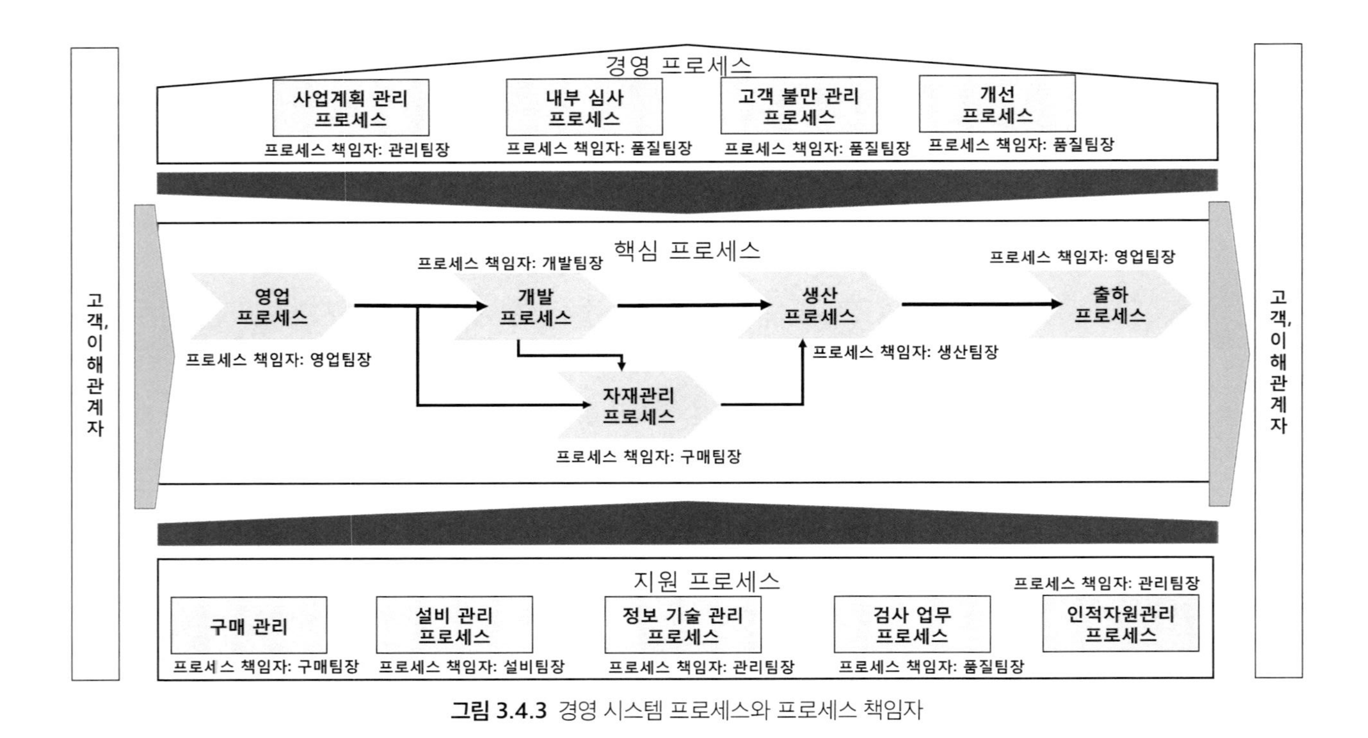

그림 3.4.3 경영 시스템 프로세스와 프로세스 책임자

당장 품질팀장은 해당 프로세스에 대한 책임을 맡지 않으려 할 것이고, 영업팀 인원 또한 품질팀장의 관리하에서 업무를 수행하는 것에 대해 거부감을 느끼게 될 것이다. 그렇기 때문에 정의한 프로세스 내에서 프로세스 책임자를 올바르게 선정하는 것이 중요하다. 기업의 경영 시스템 프로세스에서 프로세스 책임자를 선정한 사례는 그림 3.4.3과 같다.

앞서 나왔던 그림 3.3.2의 고객 견적 대응 프로세스의 과정을 보면 관련 팀에서 고객 요구사항을 검토하는 직무가 있다. 만약에 관련 팀에서 고객 요구사항 검토를 소홀히 하거나 검토 일정을 지연시킬 경우, 고객 요구사항을 충분히 검토하지 않고 견적이 제출되어 견적의 질이 떨어지거나 고객이 요구하는 제출 일정을 지키지 못하는 상황이 발생할 수도 있다. 그렇기 때문에 프로세스 책임자가 해당 프로세스의 운영과 성과에 대한 책임을 갖는다는 것을 인식하고, 해당 프로세스에 관심을 가지고 운영하는 것 또한 중요한 요소라는 것을 알 수 있다. 또한, 그 프로세스에 관여되어 있는 팀에서도 프로세스 책임자의 역할을 이해하고 해당 프로세스에서 필요한 활동에 대해 지원 활동을 해주어야 하며, 프로세스 책임자의 요구를 충족시키는 것이 필요하다는 것을 이해하여야 한다.

이렇게 프로세스 관리를 활용하여 경영시스템을 구축하는 데에 있어서 프로세스와 조직 구조의 연계를 분명히 하고, 구축된 프로세스와 그 프로세스에 대한 책임을 명확히 규정할 필요가 있다. 또한, 프로세스 책임자는 프로세스 책임자로서의 역할을 인식하고 있어야 하며, 특정 프로세스에 관련된 다른 기능팀에서는 프로세스 과정에 참여하는 참여자로서의 책임을 인식하고 업무를 수행할 필요가 있다.

4

프로세스 관리를 활용한 경영 시스템 구축 개요

4.1 경영 시스템 활동 요소 파악

프로세스 관리를 활용하여 경영 시스템을 구성하기 위해서는, 우선 기업 경영 시스템 관리를 위한 프로세스 문서 관리 시스템의 책임을 명확히 할 필요가 있다. 기업 전체적인 경영 시스템 문서 관리에 대한 책임이 명확히 정의되고, 기업 내에서 책임팀뿐만 아니라 기능 단위 팀들이 해당 역할을 이해하고 있어야 경영 시스템 문서 관리가 원활하게 이루어질 수 있기 때문이다.

그런 다음에 경영 시스템 문서 관리 주관팀의 조정 활동을 통해서 기업이 경영을 위해서 어떠한 활동을 하고 있는지 파악해야 한다. 기업의 활동을 파악해야 프로세스의 순서와 상호 작용, 그리고 프로세스의 위계 구조를 파악할 수 있기 때문이다. 기업의 활동을 파악하는 방법 중에서도 관련 팀들과의 회의를 통해서 활동의 시나리오를 구성해 보는 것이 유익한 방법일 수 있다.

다음은 기업의 핵심 프로세스를 파악하기 위해 시나리오를 만들어 본 사례이다.

<사례 1>

'가나다' 회사는 자동차용 베어링의 부품을 생산하는 회사이다. 이 회사의 주요 공정은 프레스 공정이다. 주요 고객사는 자동차용 베어링을 제조하는 'ABC' 회사이다. '가나다' 회사는 고객의 도면을 바탕으로 베어링의 부품을 제조하는데, 고객사의 견적 요청에 따라서 견적 검토 후 최근에 견적을 제출하였다. 고객사에서는 견적을 제출받고는 이 가격에는 수주받을 수 없다며, 외국의 경쟁사가 더 싸니 견적가를 낮추라고 요구하고 있다. 하지만 영업팀 이 과장은 공장장으로부터 신규 금형 제작비가 비싸서 더 낮은 견적 제출은 불가능하다는 답변을 받았다. 그런데 대표이사는 경쟁사에 대한 견제를 목적으로 어떻게 해서든지 신규 아이템을 수주받으라고 얘기한다. 이 과장은 대표이사와 공장장의 의견이 일치하는 것을 못 본 것 같았다.

이와는 별개로 이 과장은 고객사 SCM 사이트인 '우리 사이 좋아'를 통해서 고객의 발주 정보를 받아 출하 계획을 수립하여 이를 생산팀에 통보하고 정해진 일자별로 출하 지시를 발행하고 있다.

이 과장은 3월 15일 자로 A 부품에 대한 3,200개의 발주 정보를 받았고, 이 부품의 재고 확인 결과 재고가 많이 있는 걸 알고 안심하고 있다. 그런데 3월 14일 15시에 고객사 구매 담당자로부터 "A 제품은 늦어도 되니 3월 15일까지 C 부품 1,500개를 납품해달라."는 요청을 받았다. 재고 확인 결과 재고가 1,000개 정도 부족하여 생산팀에 긴급 생산을 의뢰하였다. 생산팀에서는 금형 교체에 2시간이 걸리고, 신규 금형으로 교체하여 생산한 지 이제 1시간밖에 되지 않았는데 이제 와서 금형을 또다시 바꿔야 하냐며 고객사에 연락을 하여 납기를 조금 늦추라고 채근하고 있는 상태다. 고객사에 요청 결과 고객사도 자기 고객사가 생산 계획을 바꾼 상태라 어쩔 수 없다며 C 제품이 제시간에 납품되어야 한다고 주장하고 있다. 이 과장은 할 수 없이 다시 생산팀장에게 연락하여 생산해야 한다고 얘기하였다. 생산팀장은 욕을 하면서 금형 세팅을 다시 하기 위해 현장에 나갔다. 1시간 정도 지난 후에 생산팀장이 이 과장에게 전화를 하더니 생산을 하려면 부품이 필요한데 현재 부품 재고가 없는 상태며 구매팀에 부품 발주를 요청했느냐고 물어왔다. 이 과장은 갑자기 고객 발주가 바뀐 탓에 아직 구매팀에는 연락을 못 했다는 답변을 했는데, 생산팀장이 도대체 일을 어떻게 하느냐고 핀잔을 주었다.

이 과장은 구매팀 최 과장에게 연락해서 C 부품 자재의 긴급 발주가 필요하다고 했다. 구매팀 최 과장은 자재가 있는지 확인해보겠다고 하면서, 그 업체가 우리보다 규모가 커서 자재가 없으면 공급자가 생산할 때까지 기다려야 한다고 대답하였다.

경력으로 이 회사에 들어온 영업팀 이 과장은 스트레스를 삭이기 위해 휴게소로 나가 커피를 마시면서, 나는 언제쯤 멀쩡한 회사에 다닐 수 있을지 잠시 고민을 했다. 이때 구매팀 최 과장으로부터 C 부품 자재의 긴급 발주가 가능하다는 연락과 함께 품질팀에 수입 검사를 요청해달라는 부탁을 받았다. 영업팀 이 과장은 부품이 있다는 사실에 안심하면서 품질팀 한 과장에게 전화를 해서 수입 검사를 요청하였다. 그런데 품질팀 한 과장은 수입 검사 담당이 현재 고객 불만의 원인을 분석 중이어서 수입 검사가 힘들다고 답변을 보냈다.

원래 고객 불만에 대한 원인 분석은 금형을 개발하는 개발팀에서 해야 하는데, 개발팀에서 원인 분석을 못 하겠다고 하여 사장님에게 얘기했더니 이번만 품질팀에서 원인 분석을 하라는 지시가 떨어져 원인 분석 중이라고 했다. 결국 개발에서 도와주지 않으면 제시간에 수입검사를 하는 건 힘들다는 답변이었다.

그러면서 품질팀 한 과장은 다음 달에 IATF 16949 심사가 있는데 영업팀에서 리스크 관리를 안 했다며 빨리 해달라고 얘기를 하였다. 영업팀 이 과장은 고객이 가장 큰 리스크라고 얘기하고 싶었으나, 별 해결책이 없을 듯하여 알았다고 하고 전화를 끊으려고 했는데, 품질팀 한 과장은 부품을 수입 검사 없이 사용한 것이 IATF 16949 심사에서 걸려서 부적합이 발생하면 영업팀 책임이라고 얘기를 하였다. 할 수 없이 영업팀 이 과장은 다시 개발팀 최 부장에게 전화를 하였다.

개발팀 최 부장은 고객이 개발품의 도면을 수정하면서 납기를 늦춰주지 않은 데다, 금형 수정 작업은 외부 업체에서 해야 하는데 설비팀에서는 전혀 도와주지 않고 있고, 금형 수정 업체도 도대체 말을 듣지 않아서 힘들어 죽겠다는 답변을 했다. 그리고 영업팀에서 고객에게 얘기해서 개발 샘플의 납기 좀 늦춰 달라고 부탁을 하였다. 영업팀 이 과장은 개발로 넘어가면 아무 요청 없이 고객하고만 개발 프로젝트를 진행하던 최 부장이 갑자기 이런 부탁을 하는 게 의아했다.

영업팀 이 과장은 무슨 말만 하면 관련된 일이 전부 자기한테 돌아오는 현실에 이전 직장을 떠올렸다.

어쨌거나 영업팀 이 과장은 오늘 출하될 제품이 정상적으로 납품 완료되었는지 고객의 '우리 사이 좋아'에서 확인하였다. 정상적으로 제품이 납품된 것을 확인하고, C 제품의 생산을 확인하기 위해 생산팀장에게 전화를 걸었는데, 15일 오전까지 700개를 생산 가능하고, 나머지 300개는 오후나 되어야 생산된다고 답변을 받았다. 그래서 영업팀 이 과장은 이 내용을 출하팀 장 과장에게 얘기하고 퇴근하였다.

품질팀에서 일하다가 품질 일이 하기 싫어 출하팀으로 온 장 과장은 내일 추가 용차를 예약하면서, 이 내용을 납기 준수율에 등록해야 할지 추가 운임에 등록해야 할지 내일 품질팀에 문의를 해보아야 하겠다고 생각했다.

본 사례는 필자가 재미를 살짝 가미하여 시나리오를 구성해본 것으로, 실제 시나리오를 구성하게 되면 제시된 사례보다는 좀 더 간략하고 깔끔하게 기업의 경영 활동을 파악할 수 있을 것이다.

제시된 사례는 기업의 경영 활동 중에서 고객과 직접적인 관계를 맺으며 부가가치를 창출하는 프로세스를 파악하기 위하여 필자가 구성한 것이다. 제시된 사례를 통해 해당 기업이 고객과 직접적인 관계를 갖는 프로세스를 파악해보면 다음과 같다.

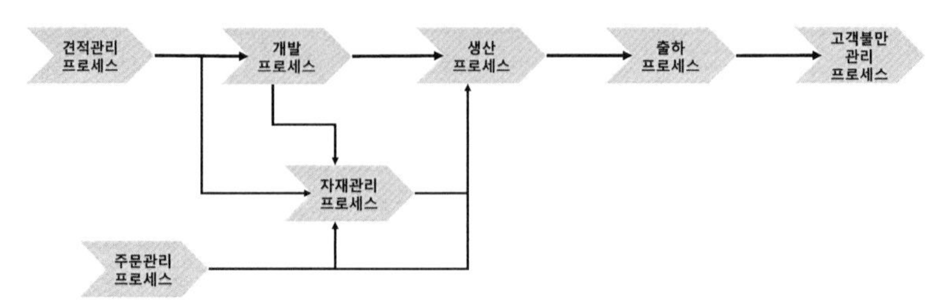

그림 4.1.1 고객과 직접적인 관계를 갖는 프로세스

그림 4.1.1에서 파악된 프로세스를 보면 고객 불만 관리 프로세스의 경우 고객과 직접적인 관계를 맺고는 있으나, 고객 불만 관리 프로세스 자체로는 아무런 부가가치를 창출하지 않음을 알 수 있다. 그렇기 때문에 고객 불만 관리 프로세스를 핵심 프로세스로 파악하는 것은 무리가 있다. 또한, 견적 관리 프로세스와 주문 관리 프로세스는 모두 영업팀에서 행해지고 있음을 알 수 있다. 그렇기 때문에 견적 관리 프로세스와 주문 관리 프로세스를 별도의 프로세스로 파악할 수도 있으나, 영업 프로세스라는 상위 프로세스의 하위 프로세스로도 볼 수 있다.

그리고 출하 프로세스의 경우 출하팀이라는 별도의 기능팀이 기업 내에서 구성되어 있을 수도 있고, 별도의 팀이 구성되어 있지 않다고 하더라도 영업팀이나 생산팀에서 출하 업무를 맡고 있을 수도 있다. 때문에 작은 단위의 조직이라면 출하 프로세스를 영업 프로세스의 하위 프로세스로 볼 수도 있을 것이고, 비록 영업팀에서 프로세스가 수행되지만 출하 프로세스의 중요도와 고객과의 밀접성을 고려하여 그림과 같이 따로 독립시킬 수도 있을 것이다. 자재 관리 프로세스 또한 생산 프로세스의 하위 범주로 볼 수 있다.

위에서 언급한 것을 통해 알 수 있듯이, 조직의 경영 시스템 구축 및 수립에 있어서 정답은 없다. 조직의 조직 구조, 프로세스의 중요성 등을 고려하여 조직에 맞게 프로세스를 구축하는 것이 바람직한 방법이다.

필자의 관점에서 고객과 직접적인 관계를 맺으면서도 부가가치를 창출하는 핵심 프로세스를 구성하면 그림 4.1.2와 같다.

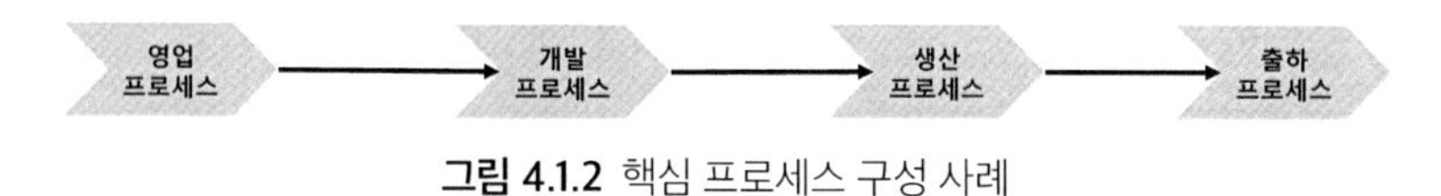

그림 4.1.2 핵심 프로세스 구성 사례

각 기능팀과의 협의를 거쳐서 각 기능팀에서 수행하고 있는 경영 시스템 관련 활동에 대한 시나리오를 구성하여 이를 그림 4.1.2와 같이 도식화해 보면, 아래와 같은 기업 경영 시스템의 상위 구조로서 기업 경영 시스템의 개괄적인 모습을 볼 수 있게 될 것이다.

뒤에 나올 그림 4.1.3과 같이 기업 경영 시스템과 관련된 프로세스를 도출하여 시각화함으로써 기업 경영진과 기업의 구성원들에게 기업의 활동이 어떻게 이루어지고 있는지에 대한 개괄적인 그림을 보여줄 수도 있고, 각 프로세스와 프로세스 책임자를 연결해줌으로써 각 프로세스의 주관과 프로세스 간의 연계성, 더 나아가 조직 구조를 구축하거나 변경하는 데에도 활용할 수 있다.

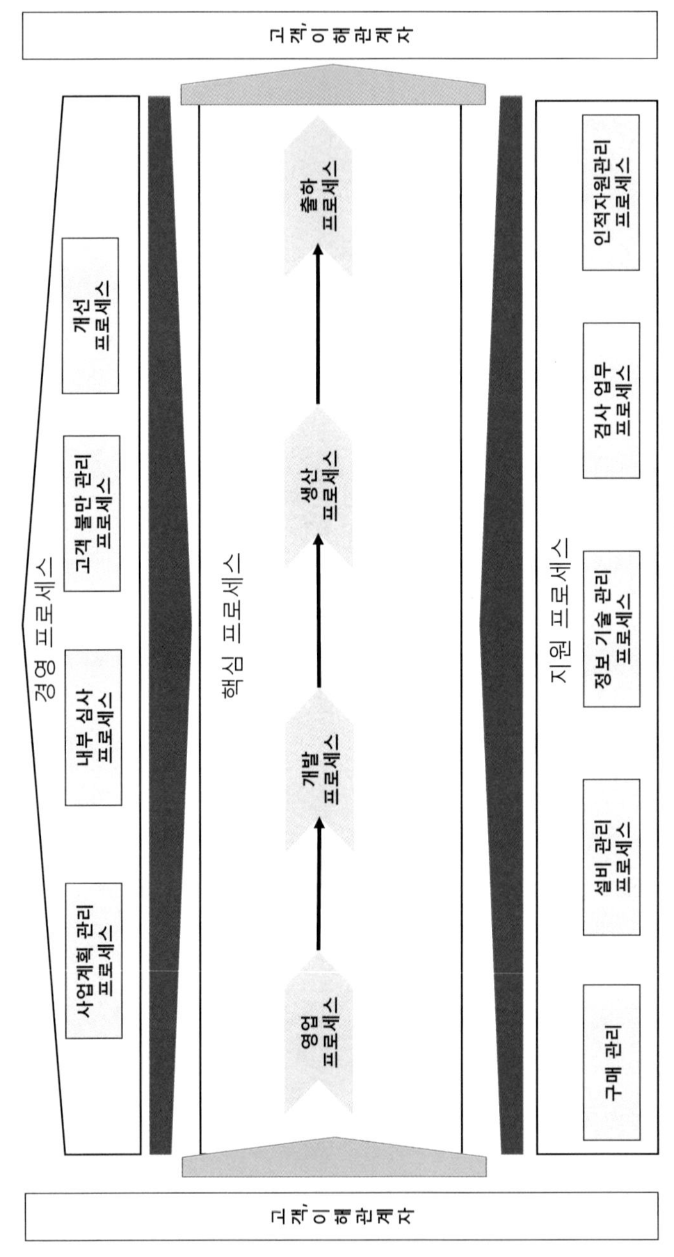

그림 4.1.3 기업 경영 시스템 상위 구조

그림 4.1.3에서 본 기업 경영 시스템의 상위 구조 중 전 세계적으로 통용되는 단일 모델은 존재하지 않는다. 그렇기 때문에 이러한 상위 구조와 뒤에서 전개되는 경영 프로세스 모델에는 정답이 없다. 그러므로 기업 스스로의 경영 활동과 조직 구조에 맞추어 각 기업에 적합한 프로세스 모델을 갖추는 것이 중요하다. 물론 기업이 고유의 프로세스 모델을 구축하기 위해 잘 알려진 프로세스 모델을 활용할 수도 있을 것이다.

그림 4.1.4는 기업 경영 시스템 상위 구조에 대한 예시로서 APQC에서 제공하는 프로세스 모델이다.

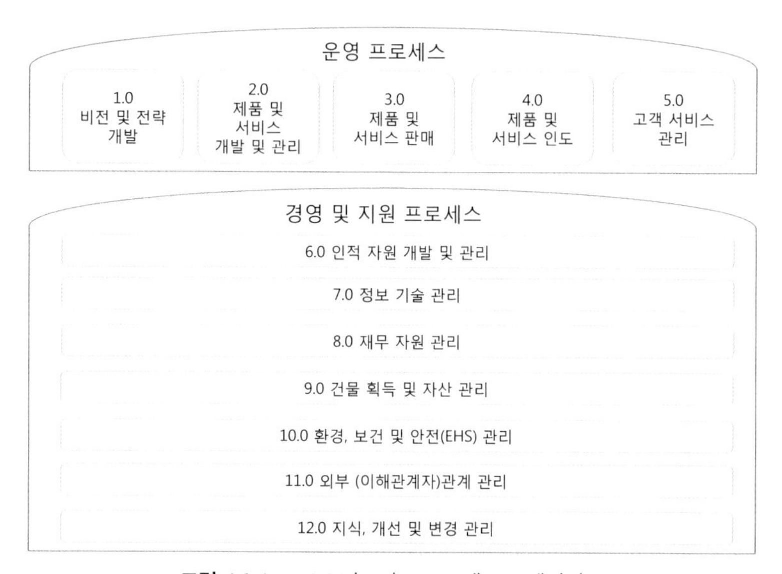

그림 4.1.4 APQC 비즈니스 프로세스 프레임워크

Tip: APQC는 미국의 생산성 품질 센터(American Productivity & Quality Center)로 1980년에 설립되었으며, 1992년에 비즈니스의 성과 관리를 위해서 프로세스 프레임워크를 전 세계 최초로 수립하였다. APQC 비즈니스 프로세스 프레임워크는 현재 전 세계적으로 사용되고 있으며, 매년 이해관계자들로부터의 피드백을 통해 프로세스 모델 개선을 실시하고 있다.

APQC에서 정의한 기업 경영 시스템의 상위 수준 프로세스는 12개이다. 그리고 필자가 정의한 상위 수준 프로세스는 13개이다. 상위 수준 프로세스 숫자 또한 기업 상황에 적합하게 도출되어야 하는 것으로, 적정 수준은 없다. 기업의 규모와 상황에 따라 다를 수 있겠으나, 상위 수준 프로세스는 일반적으로 16개 이하가 적절한 것으로 판단된다. 상위 수준 프로세스가 너무 적은 경우에는 중요한 프로세스가 드러나지 않게 되고, 너무 많은 경우에는 프로세스가 중복되어 보이는 경우가 많다.

4.2 문서 관리 체계 선정

기업 경영 시스템에 대한 프로세스 모델을 구성하였으면, 이제는 이를 문서화하여 기업의 경영 시스템을 위해 활용될 수 있도록 하여야 한다. ISO 9001에서는 '프로세스의 운용을 지원하기 위해 문서화된 정보를 유지'하라고 요구하고 있다. ISO 9001에서는 이렇게 간략하게 표현하고 있으나, 실제 문서화하기 위한 과정은 그렇게 간단하지 않다. 실제 기업 경영 시스템 문서에는 프로세스 정의서, 절차서 및 지침서 등 여러 가지 형태의 문서를 통해 경영 활동을 운용하고 있기 때문이다.

그러면 프로세스 정의서, 절차서와 지침서 중 어떤 문서가 프로세스를 문서화한 것인가? 프로세스는 목표를 달성하기 위해 입력물을 출력물로 변환하기 위한 활동 또는 활동의 집합을 의미한다. 프로세스 정의서, 절차서, 그리고 지침서 모두 목표를 달성하기 위하여 입력물과 출력물, 그리고 활동을 규정하고 있다. 그렇기 때문에 프로세스 정의서, 절차서, 지침서 모두 기업 경영 활동에 필요한 것으로서 프로세스를 문서화한 것이 된다. 이를 통해 기업 내에서는 프로세스를 문서화하기 위하여 문서의 체계를 정하고, 각각의 문서 형태에 대해서 정의를 명확히 할 필요가 있음을 알 수 있을 것이다.

따라서 프로세스를 문서화한다는 것은 기업이 경영활동을 위해서 어떠한 활동을 하고 있는지를 파악하고, 이를 기업에서 활용할 수 있도록 하기 위한 문서 체계를 수립하며, 그 체계에 따라서 기업의 실제 경영활동을 문서화한다는 것을 의미한다.

아래와 같이 경영 시스템 문서 체계를 선정하여 보았다.

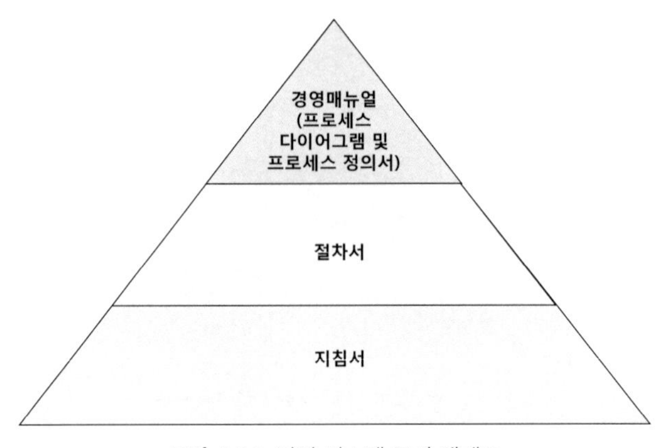

그림 4.2.1 경영 시스템 문서 체계도

경영 시스템 문서 체계를 선정하였으면 이제 각 계층의 문서에 대한 정의를 명확히 할 필요가 있다. 다음은 각 문서에 대한 정의의 사례이다.

- 경영 매뉴얼: 기업의 경영 원칙, 경영 방침, 추구하는 방향, 경영시스템의 범위, 모든 제외사항에 대한 정당성의 상세 설명, 문서화된 절차서 또는 이들에 대한 참조, 그리고 경영 시스템의 프로세스 및 상호작용에 대해 설명하는 문서
  - 프로세스 다이어그램: 프로세스의 순서화 상호작용을 정의한 문서
  - 프로세스 정의서: 프로세스 다이어그램에서 파악된 프로세스가 무엇을 하는지를 정의한 문서
- 절차서: 프로세스 정의서에서 정의된 프로세스를 수행하기 위한 방법을 규정한 문서로, 서로 다른 팀이 포함된 활동을 설명한 문서
- 지침서: 절차서에서 정의된 활동 별 업무 수행 방법을 규정한 문서로 단일팀에서의 직무를 기술한 문서

ISO 국제 표준에서는 ISO/TR 10013이라는 기술보고서로 품질 경영 시스템 문서화에 대한 지침을 제공하고 있다. 그림 4.2.1 경영 시스템 문서의 체계도와 정의는 ISO/TR 10013을 참고로 하여 경영 시스템을 구성하고 있는 각 문서에 대한 정의를 내린 것이다.

이제 기업에서 구축한 문서 관리 체계에 따라서 경영 활동을 문서화해야 한다. 본서에서는 기업 경영 시스템의 전체 문서화를 제공하지

않지만, 각각의 문서화 사례를 통해서 기업의 경영 활동이 어떻게 경영 시스템 문서를 통해서 구현되는지 살펴보도록 할 것이다.

5

프로세스 관리를 활용한 경영 시스템 구축

기업 경영 시스템의 문서화는 단일한 순서로 이루어지는 것이 아니다. 품질 매뉴얼을 통해 기업의 전반적인 경영 의도, 목적, 방침 및 프로세스 등을 설명해주고 있기 때문에 품질 매뉴얼이 최상위 문서로 구성되지만, 그렇다고 해서 품질 매뉴얼이 가장 먼저 만들어지지는 않는다. 품질 매뉴얼의 경우 초기에 만들어졌다고 하더라도 기업의 프로세스 문서가 수립되고 관련 절차서가 수립되었다면 그에 맞추어서 개정되어야 한다. 그렇기 때문에 품질 매뉴얼은 가장 처음 수립될 수 있으나, 문서화가 진행되면서 각 계층의 문서의 상호 작용을 통해서 품질 매뉴얼이 개정되어야 하기 때문에 가장 마지막에 완성될 수밖에 없다.

품질 매뉴얼에는 기업 경영 시스템을 구성하는 프로세스의 개괄이 표현되어야 하기 때문에, 경영 시스템 문서화 순서로 프로세스 다이어그램 수립, 프로세스 정의서 수립, 품질 매뉴얼 수립, 절차서 수립 및 지침서 수립으로 본 장을 이어가도록 한다.

5.1 프로세스 다이어그램 및 프로세스 정의서 수립

기업 경영을 위한 활동을 식별하였으면, 이를 프로세스 관리를 활용하여 프로세스를 정하고 프로세스의 순서화 상호 작용, 그리고 프로세스의 위계 구조를 정하여야 한다. 이때 국제 표준이 있는 경우, 되도록 해당하는 국제 표준을 활용하여 프로세스를 구축하는 것이 바람직할 것이다. 프로세스의 구성과 관련한 국제 표준으로는 ISO 9004가 있다.

ISO 9004에서는 프로세스를 효과적이고 효율적으로 관리하기 위하여 기업이 다음 사항을 수행할 것을 규정하고 있다.

a) 프로세스 간의 정렬과 연결성을 향상시키기 위해 외부에서 제공되는 프로세스를 포함하여, 프로세스와 프로세스의 상호작용을 관리한다.

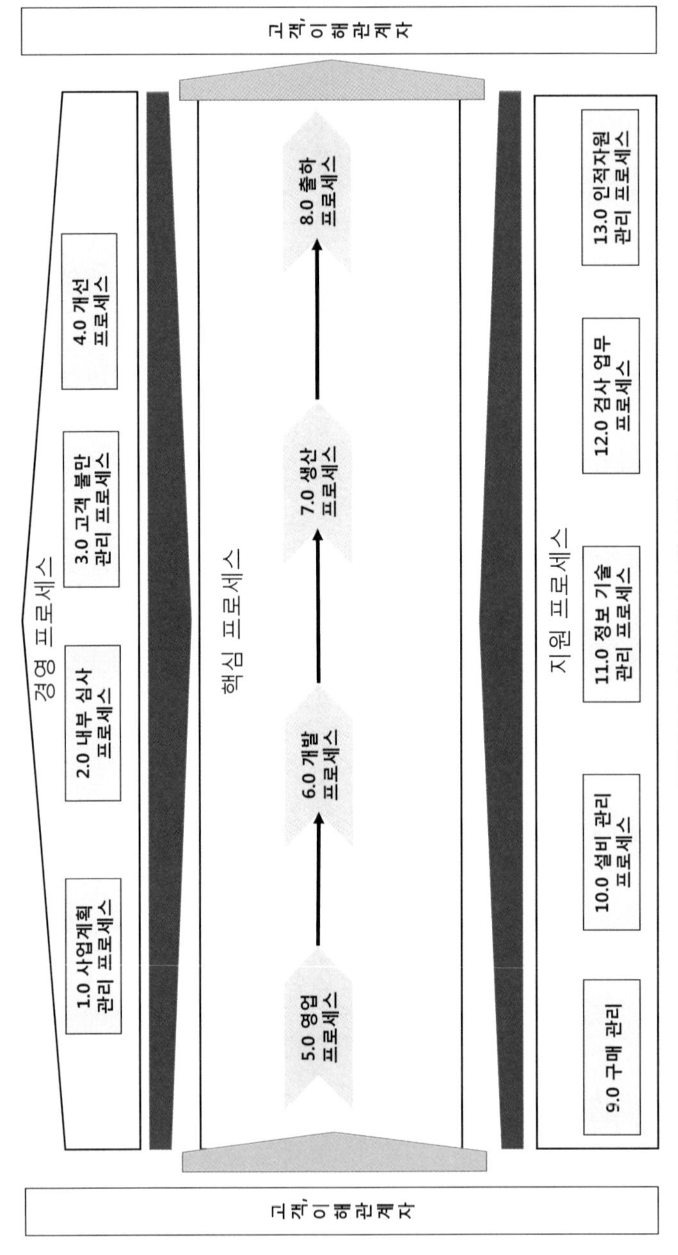

그림 5.1.1 기업 경영 시스템 상위 구조

b) 시스템 내에서의 각 프로세스가 지닌 역할을 이해하고, 시스템 성과에 대한 프로세스의 영향을 이해하기 위해 프로세스 네트워크, 그리고 프로세스의 순서와 상호작용을 그래픽(예. 프로세스 맵, 다이어그램)으로 시각화한다.

이와 같이 ISO 9004에서는 프로세스를 관리하기 위하여 프로세스와 프로세스의 상호 작용을 다이어그램 등을 활용하여 시각화할 것을 지침으로 제공하고 있다. 그렇기 때문에 여기에서도 프로세스 다이어그램으로 프로세스를 시각화하도록 구성하였다.

시나리오를 도출하여 파악된 기업의 활동에 대해 기업의 경영 시스템 내 프로세스를 시각화한 사례는 그림 5.1.1, 그림 5.1.2 및 그림 5.1.3과 같다.

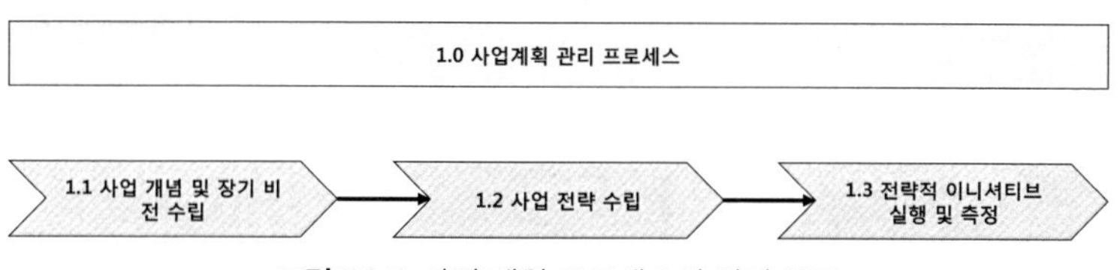

그림 5.1.2 사업 계획 프로세스의 위계 구조

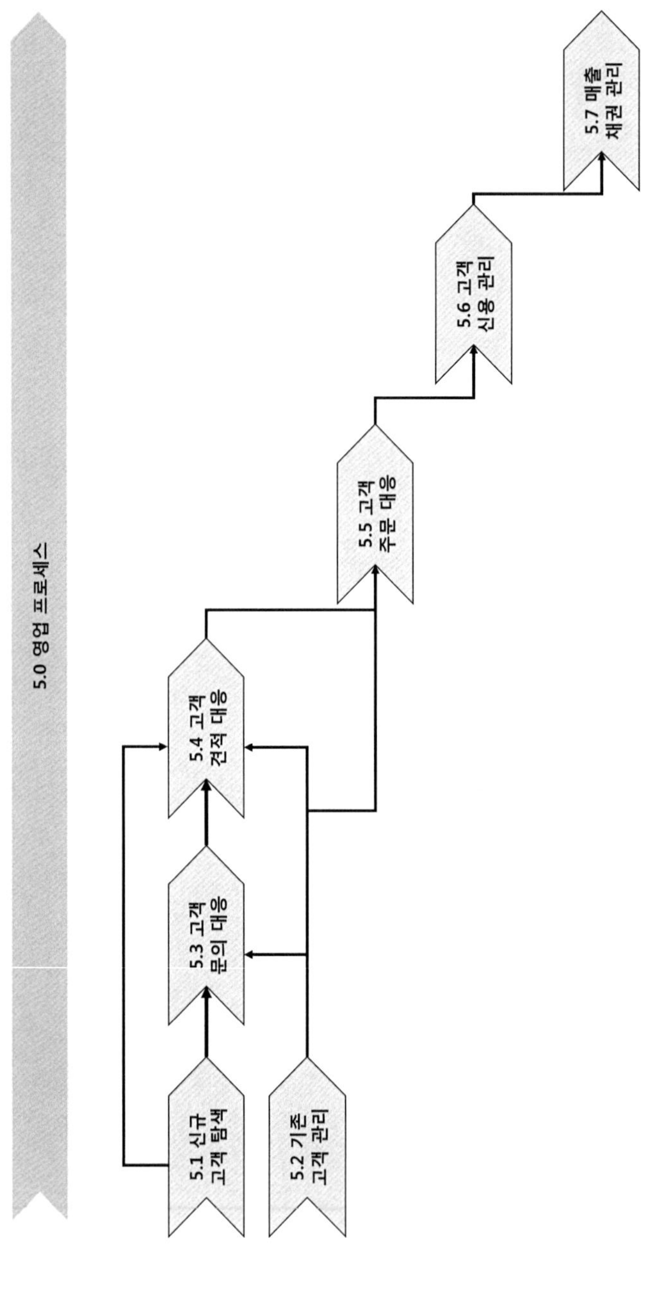

그림 5.1.3 영업 프로세스의 위계 구조

그림의 사례와 같이 기업 경영 시스템의 상위 구조를 우선 파악하고, 파악된 상위 구조 프로세스의 각 요소별로 각 프로세스에 할당되는 하위 프로세스와 해당 하위 프로세스의 순서를 파악하여 다이어그램으로 표현한다.

이렇게 다이어그램으로 시각화하게 되면 기업의 경영진과 관리자, 그리고 기업의 구성원들에게 기업 경영 시스템에 대한 이해를 높이고 각 프로세스별로 어떻게 활동이 실행되는지를 명확하게 보여줄 수 있다.

본 사례에서는 그림 5.1.3의 5.5 고객 주문 대응 프로세스 등과 같이 소수점 한자리까지 하위 프로세스를 구성하였으나, 기업 경영 시스템의 복잡성에 따라 소규모 기업인 경우에는 그림 5.1.1의 5.0 영업 프로세스와 같이 하위 프로세스를 구성하지 않고 기업 경영 시스템이 구성될 수도 있다. 이와 달리 매우 복잡한 대기업인 경우에는 소수점 네 자리나 다섯 자리까지 하위 프로세스가 구성되기도 한다. 이는 기업 경영 시스템을 구축할 때 프로세스의 명확성을 제시하기 위해서이기도 하지만 조직의 복잡성에 따라 각 기업에 따라 세분화의 필요성이 달라지기 때문이다.

이렇게 프로세스 다이어그램을 구성하였으면, 이제는 파악된 각 프로세스별로 프로세스 정의서를 수립해야 한다. 프로세스 정의서는 기본적으로 그 프로세스가 무엇을 해야 하는지를 설명한 문서이다. 이러한 프로세스 정의서를 작성하기 위해서는 프로세스 정의서에 포함되어야 하는 내용을 명확히 할 필요가 있다. 이를 위해서 많은 기업들이 거북이 도형 모형을 사용한다. 거북이 도형 모형은 각 프로세스별로 입력물, 출력물, 물적 자원, 인적 자원, 프로세스 수행 방법과 성과지표로 해당 프로세스를 정의한다.

그림 5.1.4와 같이 거북이 도형 모델을 활용하여 프로세스 정의를 위해 파악해야 하는 요소를 규정하기도 하지만, ISO 9004 표준에서도 프로세스에 포함되어야 하는 요소를 규정하고 있다. 아래는 ISO 9004 표준에서 프로세스에 포함되어야 하는 요소를 정의한 것이다.

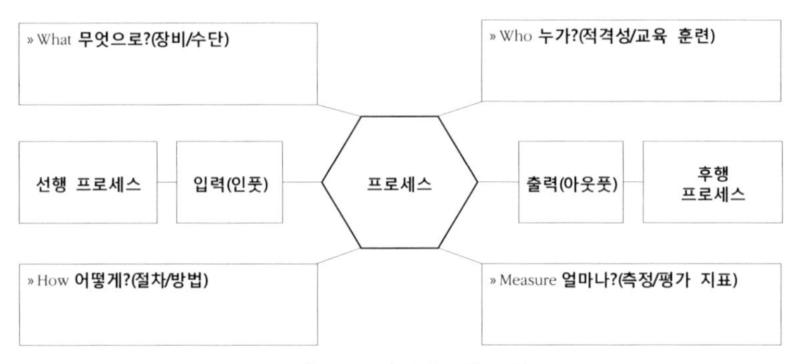

그림 5.1.4 거북이 도형 모형

프로세스와 프로세스의 상호작용을 결정할 때, 조직은 적절한 정도로 다음 사항을 반영하여야 한다.

a) 프로세스의 목적

b) 달성되어야 하는 목표와 관련된 성과 지표

c) 제공될 출력물

d) 이해관계자의 요구와 기대 그리고 요구와 기대의 변경

e) 운용, 시장 및 기술에서의 변경

f) 프로세스의 영향

g) 입력물, 자원 및 필요 정보 그리고, 그들의 가용성

h) 실행될 필요가 있는 활동들과 사용된 방법들

I) 프로세스의 제약사항

j) 리스크와 기회

이러한 ISO 9004의 지침을 바탕으로 프로세스 정의서를 구축할 수도 있다.

그러나 이러한 내용만을 가지고 프로세스 정의서를 만들도록 한다면, 기업 내의 해당 책임 조직들이 작성한 프로세스 정의서의 통일성이 떨어지고, 프로세스 정의서의 구성 또한 부서 간에 서로 다를 가능성이 생긴다. 이럴 경우 각 부서 간의 협의를 통해 프로세스 정의서를 위한 서식을 통일한다면, 기업 내에서의 프로세스 정의서가 동일한 형식으로 수립되어 기업 구성원 간 의사소통의 장을 마련하고 이해를 위한 기반을 조성할 수 있을 것이다. 또한, 프로세스 정의서의 품질 또한 일정 수준 이상을 유지할 수 있을 것이다. ISO 9004의 지침을 바탕으로 구성한 프로세스 정의서의 서식은 다음과 같다.

<table>
<tr><td colspan="6">프로세스 명:</td></tr>
</table>

<table>
<tr><td colspan="2">프로세스 오너</td><td colspan="2">참여자</td><td colspan="2">KPI</td></tr>
<tr><td colspan="2"></td><td colspan="2"></td><td colspan="2"></td></tr>
<tr><td colspan="3">이해관계자</td><td colspan="3">이해관계자의 요구와 기대</td></tr>
<tr><td colspan="3"></td><td colspan="3"></td></tr>
<tr><td colspan="6">운용, 시장 및 기술에서의 변경</td></tr>
<tr><td>운용</td><td></td><td>시장</td><td></td><td>기술</td><td></td></tr>
<tr><td colspan="6">목적</td></tr>
<tr><td colspan="6"></td></tr>
<tr><td colspan="6">적용 범위</td></tr>
<tr><td colspan="6"></td></tr>
<tr><td>선행 프로세스</td><td>입력</td><td colspan="2">프로세스 활동</td><td>출력</td><td>후속 프로세스</td></tr>
<tr><td></td><td></td><td colspan="2"></td><td></td><td></td></tr>
<tr><td colspan="6">프로세스 설명</td></tr>
<tr><td colspan="6"></td></tr>
<tr><td colspan="6">물적 자원</td></tr>
<tr><td colspan="6"></td></tr>
<tr><td colspan="6">프로세스 제약사항</td></tr>
<tr><td colspan="6"></td></tr>
<tr><td colspan="6">필요 지식</td></tr>
<tr><td colspan="6"></td></tr>
<tr><td colspan="6">리스크</td></tr>
<tr><td colspan="6"></td></tr>
<tr><td colspan="6">기회</td></tr>
<tr><td colspan="6"></td></tr>
<tr><td colspan="6">관련 절차서</td></tr>
<tr><td colspan="6"></td></tr>
</table>

표 5.1.1 프로세스 정의서 서식

프로세스 정의서의 서식은 기업 조직 내의 관련 이해관계자들 간의 합의에 의해서 결정되거나 프로세스 관리 주관팀에서 수립한 프로세스 정의서 서식을 사용하는 것에 대한 합의가 있어야 한다. 그렇지 않으면 각 개별팀에서 왜 이러한 프로세스 정의서를 사용해야 하는지 의문을 갖고 공통된 인식을 가지지 않을 수 있기 때문이다. 이렇게 되면 기업 내에서 수립한 프로세스 정의서를 활용하여 프로세스를 구축하는 데에 어려움이 있을 수 있다.

각 팀에서 프로세스 정의서의 작성 책임자가 정해지면 이들 책임자에게 프로세스 정의서 작성에 대한 교육 또한 필요할 것이다. 추가적으로, 필요한 경우 각 프로세스별로 프로세스 정의서를 작성할 때 기업에서 지정한 프로세스 구축을 지원하는 촉진자가 함께 참여하여 프로세스 정의서를 작성할 수도 있다.

다음은 표 5.1.1의 프로세스 정의서를 활용하여 사업 계획 관리 프로세스와 고객 견적 대응 프로세스의 프로세스 정의서를 작성한 사례이다.

1.0 사업 계획 관리 프로세스

프로세스 오너	참여자	KPI
• 관리팀장	• 대표이사, 영업팀장, 구매팀장, 생산팀장, 설비보전팀장, 품질팀장	• 매출액 • 순이익

이해관계자	이해관계자의 요구와 기대
• 주주 • 대표이사 • 기업 구성원 • 고객	• 주식 가격 상승 • 수립된 사업 계획의 정확성 • 기업 경영의 투명성 • 고객 요구사항을 반영한 기업 경영

운용, 시장 및 기술에서의 변경					
운용	N/A	시장	N/A	기술	N/A

목적
본 프로세스는 비전, 미션 그리고 전략 목표를 수립하고, 이를 달성하기 위한 대책을 수립하고 모니터링 하는 것을 목표로 한다.

적용 범위
본 프로세스는 OO에서 비전, 중장기 사업 계획 및 연도 사업 계획 수립에 적용된다.

선행 프로세스	입력	프로세스 활동	출력	후속 프로세스
• 기업 상위 구조의 프로세스	• 외부 환경 분석 • 고객 및 이해관계자의 요구와 기대 • 내부 환경 분석 • 전년도 경영 검토	1.1 사업 개념 및 중장기 비전 정의 1.2 사업 계획 수립 1.3 전략적 이니셔티브 실행 및 측정	• 중장기 비전 • 비즈니스 전략 • 전략적 이니셔티브	• 기업 상위 구조의 프로세스

프로세스 설명
외부 및 내부 환경과 사업 실적을 분석하여 중장기 비전과 사업계획을 수립하고, 연도 방침 및 연도 목표를 수립한다. 비전과 사업 계획을 달성하기 위한 전략적 이니셔티브를 추진하고, 이에 따른 모니터링을 실시한다. 사업 계획과 전략적 이니셔티브와 관련된 리스크를 식별하고, 리스크에 대한 조치를 실시한다.

물적 자원
• ERP, ppt 등

프로세스 제약사항
• 독점규제 및 공정거래에 관한 법률

필요 지식
• SWOT 분석

리스크
• 부정확한 정보 • 잘못 수립된 전략

기회
N/A

관련 절차서
• 사업 개념 및 중장기 비전 관리 절차서 • 사업 계획 관리 절차서 • 리스크 관리 절차서 • 성과 모니터링 및 경영검토 관리 절차서

표 5.1.2 사업 계획 관리 프로세스 정의서 사례

<table>
<tr><th colspan="6">5.4 고객 견적 대응 프로세스</th></tr>
<tr><th colspan="2">프로세스 오너</th><th colspan="2">참여자</th><th colspan="2">KPI</th></tr>
<tr><td colspan="2">• 영업팀장</td><td colspan="2">• 관리팀, 영업팀, 구매팀, 생산팀, 품질팀</td><td colspan="2">• 견적 제출 일정 준수율
• 수주율</td></tr>
<tr><th colspan="3">이해관계자</th><th colspan="3">이해관계자의 요구와 기대</th></tr>
<tr><td colspan="3">• 대표이사
• 고객</td><td colspan="3">• 정확한 견적
• 실현가능하고, 요구사항을 충족한 견적</td></tr>
<tr><th colspan="6">운용, 시장 및 기술에서의 변경</th></tr>
<tr><th>운용</th><td>견적 프로세스 전산화</td><th>시장</th><td>경쟁사 출현</td><th>기술</th><td>신규 생산기술</td></tr>
<tr><th colspan="6">목적</th></tr>
<tr><td colspan="6">신규 또는 기존 고객으로부터 견적 요청을 접수 받아, 고객 요구 사항과 당사의 능력을 검토하여 견적을 작성하여 고객에게 제출한다.</td></tr>
<tr><th colspan="6">적용 범위</th></tr>
<tr><td colspan="6">본 프로세스는 OO에서 고객을 위한 견적 대응 업무에 적용된다.</td></tr>
<tr><th>선행 프로세스</th><th>입력</th><th colspan="2">프로세스 활동</th><th>출력</th><th>후속 프로세스</th></tr>
<tr><td>• 고객의 공급자 선정 프로세스</td><td>• 고객 견적 요청</td><td colspan="2">5.4.1 견적 접수
5.4.2 견적 검토
5.4.3 고객 요구사항 검토
5.4.4 견적 작성
5.4.5 견적 제출</td><td>• 고객에게 제출된 견적서</td><td>• 개발 프로세스
• 생산 프로세스</td></tr>
<tr><th colspan="6">프로세스 설명</th></tr>
<tr><td colspan="6">고객으로부터 견적 제출 요청을 접수 받아, 고객 요구 사항과 당사의 능력을 검토하여 제품을 제조할 능력을 확인 후 고객 요구 사항에 따라서 견적을 제출한다. 고객 요구 사항 검토 시 제조 타당성 분석과 생산 능력을 분석하여, 고객의 엔지니어링 요구사항과 생산능력 요구사항을 충족할 수 있는지 확인한다.</td></tr>
<tr><th colspan="6">물적 자원</th></tr>
<tr><td colspan="6">• ERP, CAD, ppt 등</td></tr>
<tr><th colspan="6">프로세스 제약사항</th></tr>
<tr><td colspan="6">• N/A</td></tr>
<tr><th colspan="6">필요 지식</th></tr>
<tr><td colspan="6">• 고객 요구사항
• 생산 제품
• 공정 기술
• 원가 산출</td></tr>
<tr><th colspan="6">리스크</th></tr>
<tr><td colspan="6">• 고객 엔지니어링 요구사항 검토 실패
• 잘못 계산된 원가
• 고객 요구 일정 미준수</td></tr>
<tr><th colspan="6">기회</th></tr>
<tr><td colspan="6">N/A</td></tr>
<tr><th colspan="6">관련 절차서</th></tr>
<tr><td colspan="6">• 고객 견적 대응 절차서
• 고객 만족 절차서</td></tr>
</table>

표 5.1.3 고객 견적 대응 관리 프로세스 정의서 사례

표 5.1.2와 표 5.1.3과 같이 영업 프로세스와 고객 견적 대응 프로세스에 대한 프로세스 정의서를 수립하여 보았다. 여기에서 사용된 프로세스 정의서의 서식은 ISO 9004의 요구사항을 반영하여 수립한 것으로, 기업의 필요 여부에 따라서 서식에 항목을 추가하거나 일부 항목을 제거하여 사용할 수도 있다. 예를 들어 운용, 시장 및 기술에서의 변경 항목과 프로세스 제약 사항의 경우, 프로세스 자체를 수립하기 위해 검토가 필요한 것으로 판단하여 프로세스 정의서 서식에서는 삭제할 수도 있다. 물론, 프로세스 관리를 위해 해당 항목을 유지하여도 무방하다.

프로세스 제약 사항과 관련해 쉽게 예를 들 수 있는 사례로는 코스트코의 사례가 있을 것이다. 코스트코의 경우, 공급자와 공급 제품을 선정할 때 상위 5개의 브랜드 중에서 공급자를 선정하고 있다. 이 경우, 더 저렴한 가격에 제품을 공급하고자 하는 더 낮은 브랜드의 공급자가 있다고 하더라도 코스트코는 해당 공급자로부터 제품을 구매하지 않을 것이다.

또한 인수 및 합병과 같은 경우, 독과점 규제 또는 비즈니스 상대방과의 계약으로 인해 정해진 기간이나 새로운 시장에 특정 제품을 공급하지 못하는 경우도 있다. 이러한 사례들이 프로세스 제약 사항의 사례가 될 수 있을 것이다. 만약 코스트코가 가격 경쟁력이 있다거나 수익에 더 기여를 한다는 이유로 품질이 낮은 브랜드로부터 제품을 공급받는다면, 이는 코스트코가 더 이상 제공해오던 가치를 제공하지 않는다고 고객이 느낄 수 있다. 이는 당장에야 코스트코의 손익에 도움이 될 수 있으나, 장기적으로는 악영향을 미칠 수도 있다. 이처럼 기업이 제공하는 제품과 서비스의 가치를 유지하고 향상시키기 위해, 프로세스 제약 사항에 대한 관리가 필요한 경우가 있다.

프로세스 다이어그램과 프로세스 정의서를 수립할 때에는 각 계층 내의 프로세스가 서로 중복되지 않으면서도 기업의 전체 프로세스가 포함되도록 하여야 한다. 이를 MECE(Mutually Exclusive Collectively Exhaustive: 상호배제와 전체포괄) 원칙이라고 한다. 프로세스에서 중복이 발생하면 프로세스의 책임 배정과 프로세스의 수행에 있어서 서로 책임지지 않거나, 현실에서는 그럴 경우가 거의 없지만 중복하여 책임지는 상황이 발생할 수 있다. 그리고 경영 활동을 프로세스로 구축하는 과정에서 누락이 발생한다면 기업 경영 활동의 전체 모습을 볼 수 없을 뿐만 아니라 경영 활동의 실행 과정에서 파악이 누락된 프로세스는 원활하게 실행되지 않을 수 있다.

프로세스를 구축하는 것은 우리가 살고 있는 집을 건축하는 것과 같다. 집은 침실, 거실, 부엌과 화장실 등으로 구성되고, 침실에는 침대, 옷장과 화장대 등이 자리 잡는 것과 같이 프로세스들도 각 요소별로 구분되고 각 요소별 하위 요소들로 세분화된다. 집을 관리하면서 전체 또는 부분 요소를 변경하고자 하는 경우, 전체적으로 내가 원하는 집의 구성이 조화롭도록 변경을 실시하고자 할 것이다. 만약 화장실의 구조를 변경하고자 하는 경우, 화장실의 기능과 내가 원하는 배치, 그리고 전체적인 집과의 조화를 고려하여 화장실 구조 변경을 실시하지 않는다면 생활에서 불편함을 느낄 수도 있고 바뀐 화장실의 모습에 실망할 수도 있다.

프로세스를 추가하거나 변경하는 경우에도 이와 같다. 추가하거나 변경하고자 하는 프로세스를 더욱 효과적이고 효율적이 되도록 하면서 전체 프로세스 구조의 균형을 깨뜨리지 않는 방식으로 해야 한다. 그러기 위해서는 프로세스의 전체 구조를 수립하고 각 프로세스의 정의를 명확히 하는 것이 전체 경영 시스템 관리를 위해 필요하다.

그렇기 때문에 프로세스 다이어그램과 프로세스 정의서를 기반으로 경영 시스템을 구축하는 것이 수립할 때 시간과 노력이 많이 들어가지만, 수립된 이후 이를 유지 관리하고 개선하는 데에 있어서는 다른 방식으로 구축한 경영 시스템과 비교하여 더 효과적이고 효율적이다. 때문에 이 방식이야말로 전체 시스템의 조화를 해치지 않는 면에 있어서는 더 나은 방법임을 알 수 있다.

이렇게 경영 시스템에 대하여 프로세스 다이어그램과 프로세스 정의서를 수립하였으면, 기업의 경영진과 관리자 그리고 구성원에게 워크샵을 통해서 이를 공유하는 것이 필요하다, 프로세스 관리에 대한 이해가 부족한 기업의 경우, 프로세스 책임자가 정해지면 해당 프로세스의 수행에 대한 책임이 전적으로 프로세스 책임자 부서에게 있다고 인식하는 경우가 많다. 그래서, 다른 팀에서 업무 수행에 필요한 지원 활동이 제대로 수행되지 않아 업무 수행에 어려움을 겪는 경우들도 있다. 그러나, 프로세스 다이어그램과 프로세스 정의서에 대한 이해가 공유된다면, 하나의 프로세스를 수행하기 위하여 다른 부서에서도 지원이 필요하다는 것을 이해하여 부서 간의 협업이 원활해질 것이다.

만약 프로세스 다이어그램과 프로세스 정의서에 대해 기업 내의 이해관계자와의 공유 과정을 거치지 않는다면, 어떤 새로운 업무가 생겨서 그 업무에 대한 책임자를 선정할 때 각 부서가 새로운 업무에 대한 책임을 맡지 않으려고 하는 경향이 생길 수 있다. 이는 새로운 업무에 대한 책임을 특정 부서에서 맡게 되면 다른 부서에서는 해당 책임 부서의 업무라고 판단하여 업무 수행에 필요한 지원을 하지 않으리라는 생각에서 새로운 업무에 대한 책임을 맡지 않으려는 경향이 생기기 때문에 그런 것일 수도 있다.

그렇기 때문에 프로세스 수행이 다른 기능팀과 공동으로 수행된다는 것을 이해하게 된다면 프로세스 책임 선정과 프로세스의 운영이 더욱 원활할 수 있다. 결과적으로 업무를 수행함에 있어서 공동 작업에 대한 이해를 바탕으로 업무를 수행하는 문화를 형성해야 하며, 그를 위해 기업 내에서 프로세스 다이어그램과 프로세스 정의서에 대한 공통된 인식을 가지도록 하는 과정은 필수적일 것이다.

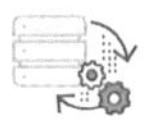

5.2 경영매뉴얼 수립

프로세스 다이어그램과 프로세스 정의서를 수립하였다면, 이제 이를 바탕으로 경영 매뉴얼을 작성할 필요가 있다. 경영 매뉴얼은 기업의 경영 원칙, 경영 방침, 추구하는 방향, 경영 시스템의 범위, 모든 제외사항에 대한 정당성의 상세 설명, 문서화된 절차서 또는 이들에 대한 참조, 그리고 경영 시스템의 프로세스 및 상호작용에 대해 설명하는 문서다. 또한 기업의 조직 구성원과 필요할 경우, 외부 이해관계자에게 기업 운영에 대한 일반 사항을 설명하는 문서이기도 하다.

그리고 기업이 국제 표준에 따른 인증을 획득하고 유지하고자 하는 경우, 획득하고자 하는 표준의 요구사항을 반영하여 경영 매뉴얼을 수립하기도 한다. 이러한 국제 표준의 사례로는 ISO 9001 품질 경영 시스템 인증, ISO 14001 환경경영시스템 인증, ISO 45001 안전보건 경영 시스템 인증, 그리고 ISO 5001 에너지 경영 시스템 인증 등이 있다. 또한, ISO 9001 품질 경영 시스템 인증을 기반으로 각 산업 부분에 특정한 품질경영시스템 인증이 있다. 이러한 사례로는 자동차 부품 산업에 적용되는 IATF 16949 품질 경영 시스템 인증, 항공우주 부분에 적용되는 AS 9100 품질 경영 시스템 인증, 정보통신 부분의 TL 9000 품질 경영 시스템 인증, 의료기기 부분의 ISO 13485 품질 경영 시스템 인증 등이 있다.

기업은 스스로 이러한 인증 표준 중에서 획득하고자 하는 인증을 정하여 인증을 획득하기도 하지만, 고객의 요구사항에 따라서 고객이 요구하는 국제 표준에 대하여 인증을 획득하기도 한다. 그래서 기업에서는 인증을 획득하고자 하는 경영 시스템 표준을 경영 매뉴얼에 통합하여, 통합 경영 매뉴얼이라는 이름으로 경영 매뉴얼을 수립하기도 한다.

비록 ISO 9001에는 품질 매뉴얼에 대한 명시적인 요구 사항이 없으나, IATF 16949(자동차 부품 산업에 적용되는 품질 경영 시스템 인증 표준) 등 ISO 9001로부터 파생된 특정 산업 부문에 대한 품질 경영 요구사항을 규정하고 있는 표준들은 여전히 기업 경영을 위해 품질 매뉴얼을 수립할 것을 요구하고 있다. 그리고 ISO 9001의 요구 사항에는 아래와 같은 사항을 규정하고 있다.

조직은 이 표준의 요구사항에 따라 필요한 프로세스와 그 프로세스의 상호 작용을 포함하는 품질경영시스템을 수립, 실행, 유지 및 지속적인 개선을 하여야 한다.

조직은 품질경영시스템에 필요한 프로세스와 조직 전반에 그 프로세스의 적용을 정해야 하며, 다음 사항을 실행하여야 한다.

a) 요구되는 입력과 프로세스로부터 기대되는 출력의 결정
b) 프로세스의 순서와 상호 작용의 결정
c) 프로세스의 효과적 운용과 관리를 보장하기 위하여 필요한 기준과 방법(모니터링, 측정 및 관련 성과지표를 포함)의 결정과 적용
d) 프로세스에 필요한 자원의 결정과 자원의 가용성 보장
e) 프로세스에 대한 책임과 권한의 부여
f) 6.1의 요구사항에 따라 결정된 리스크와 기회를 다룸
g) 프로세스의 평가, 그리고 프로세스가 의도된 결과를 달성함을 보장하기 위하여 필요한 모든 변경 사항의 실행
h) 프로세스와 품질경영시스템의 개선

또한 ISO 9001에서 문서화된 정보에 대한 일반사항에서는 다음 요구사항을 규정하고 있다.

조직의 품질경영시스템에는 다음 사항이 포함되어야 한다.

a) 이 표준에서 요구하는 문서화된 정보
b) 품질경영시스템의 효과성을 위하여 필요한 것으로, 조직이 결정한 문서화된 정보

ISO 9001 표준에서 품질 매뉴얼에 대한 요구사항은 없으나, 사례로 제시한 품질 매뉴얼을 보면 위에서 언급한 ISO 9001 요구사항을 효과적으로 실행하는 방법 중 하나가 경영 매뉴얼임을 알 수 있다.

그림 5.2.1은 이러한 획득하고자 하는 국제 표준을 포함하여 통합 경영 매뉴얼을 수립한 외국 기업의 사례이다. 본 사례에서 경영 매뉴얼의 전체를 보여줄 수는 없지만, 아래의 사례를 통해서 경영 매뉴얼이 어떻게 구성되었는지를 보여주고자 한다.

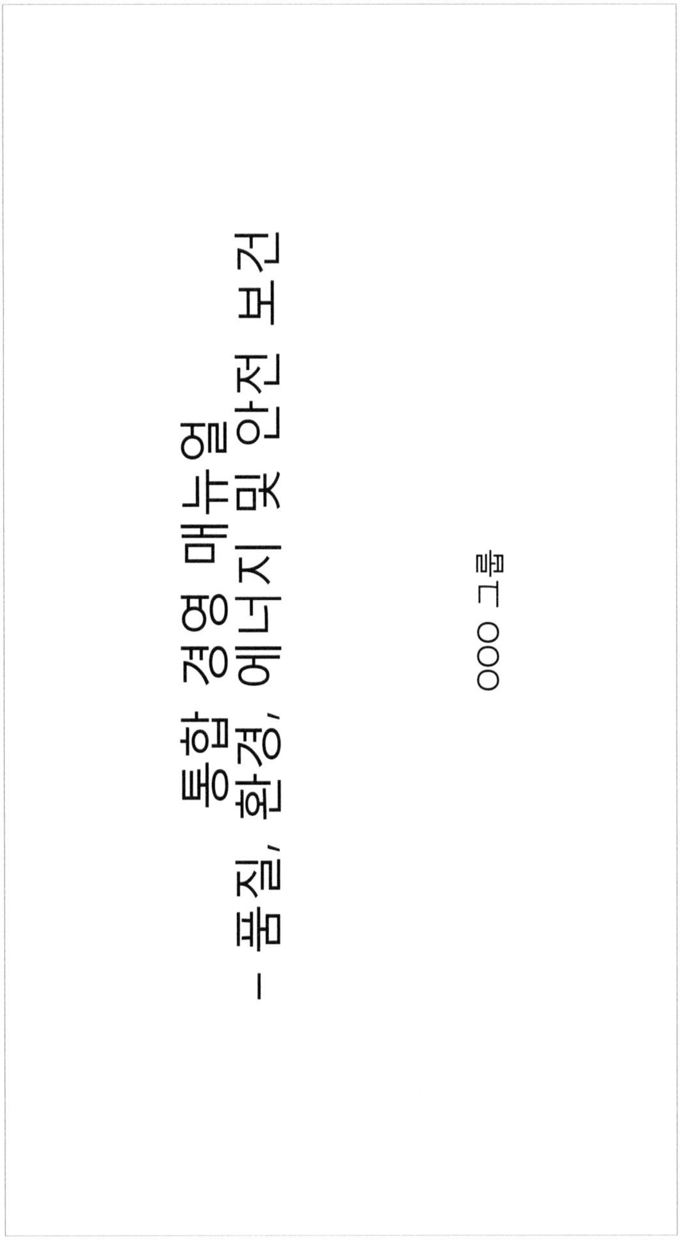

통합 경영 매뉴얼

- 품질, 환경, 에너지 및 안전 보건

OOO 그룹

그림 5.2.1 외국 기업 경영 매뉴얼 사례 1

목차

1. 서문
2. 경영 원칙
3. 기업 개요
4. 경영 방침
5. 고객 지향
6. 기업 경영 시스템 구조
7. 경영 시스템 프로세스 설명

그림 5.2.1 외국 기업 경영 매뉴얼 사례 2

1 서문

OOO 그룹은 세계에서 가장 크고 성공적인 강의 단조품 및 알루미늄 부품 제조사이다. 전 세계에서 7,000명 이상의 직원들이 단조 부품과 자동차 및 자동차 산업의 공급자들을 위하여 부품을 제조하고 있다. OOO 그룹은 복잡한 부품과 조립품을 개발하고 생산하는 데에 있어서 수십년 간의 연구 경험과 최신의 제조 장비를 보유하고 있다.

본 통합 경영 매뉴얼(IMM)은 제품 품질, 환경, 에너지 소비 뿐만 아니라 안전 보건에 영향을 미치는 모든 활동들이 계획, 관리, 모니터링되고 지속 가능함을 보장한다. 본 핸드북은 고객 요구사항과 ISO 9001, IATF 16949, ISO 14001, ISO 45001 및 ISO 5001 표준을 기반으로 한다. 모든 직원은 품질에 대한 인식, 리스크 기반 사고 뿐만 아니라 린 및 효율적인 문서화에 대한 프로세스를 개선하는데 공헌하도록 요청된다.

시장-지향적인 활동과 혁신을 촉진함을 통해서, 우리는 점증하는 국제적 경쟁환경에서 우리의 선도력을 보장하기를 원한다. 이를 성공적으로 달성하기 위한 하나의 중요한 방법은 우리의 직원이 역량이 있고 동기부여가 되었으며, 이들이 조직에서 식별되었음을 보장하는 것이다. 개방적이고, 정직한 의사소통과 사회적 책임, 윤리적으로 올바른 행동이 우리에게 중요하다. 우리는 OOO 그룹이 독립적이고 전세계에서 활동하며 성공적인 가족 기업을 유지하는데 기여한다.

본 통합 경영 매뉴얼은 관련된 생산 프로세스를 갖는 모든 OOO 그룹 지역에 적용(IATF 16949 – 제품 개발 제외)된다. OOO 그룹 지주회사는 모든 자회사의 기업 기능을 통합한다. 이러한 기업의 기능은: 품질 경영, 환경 경영, 에너지 경영, 안전 보건, 정보 기술, 공공 관계, 인적 자원, R&D, 공정 설계, 생산 자원 개발, 설계, 조달, 금형 샵, 단조, 가공, 재무, 리스크 관리, 기업 방침, 전략 계획, 마케팅, 계약 검토, 영업, 지속적 개선, OOO 그룹 생산 시스템, 내부 시스템 심사 관리 및 경영 검토 들이다.

최고 운영 책임자 최고 품질 책임자 대표이사

그림 5.2.1 외국 기업 경영 매뉴얼 사례 3

2 경영 원칙

지속적인 성공을 위한 성공적인 요소로써 우리는 모든 영역과 기능에서

품질

을 달성하는데 공헌한다.

우리는

환경

을 보전하는데 공헌한다.

우리는

에너지,

자원과 원재료에 대해 주의 깊은 책무를 가진다.

산업 사고와 보건 재해를 회피하기 위하여, 우리는

안전 보건

에 가치를 둔다.

기업의 리스크는 모두에게 영향을 미친다.

리스크와 기회

를 파악함으로써, 위해 요소를 감소시키는 대책을 즉시 착수할 수 있도록 하기 위하여 기업에 위협이 되는 이슈를 가능한 한 빨리 파악하도록 한다. 이에 더하여, 우리는 또한 프로세스와 제품의 개발에 공헌하는 모든 기회를 활용한다.

그림 5.2.1 외국 기업 경영 매뉴얼 사례 4

2.1 미션 선언서

우리는 우리의 시장에서 세계 일류의 회사이다.
우리는 하나의 그룹이다.

우리의 기본 원칙	우리의 가치	우리의 비전과 목표
1. 우리는 재무 및 경제적으로 독립적인 가족 기업으로 유지한다: • 우리는 재무적으로 내부 연구 및 투자 요구를 충족하기 위해 요구되는 이익을 달성하기 위해 헌신한다. • 이렇게 함으로써, 우리는 필요한 이익으로 우리의 성장을 유지한다. 2. 전체적으로 그룹의 이해가 가장 큰 우선순위를 갖는다: - 우리는 우리의 주주와 지주회사에 의한 의사 결정을 지원한다. - 우리는 통합된 프로세스와 표준들이 비즈니스를 위해 필요함을 분명히 인식한다.	1. OOO 그룹은 다음 사항을 내재화 함으로써 탁월함의 문화를 구축하고 유지한다: • 성과와 성공이 경제적으로 우리에게 필요하며, 그 결과로 높은 동기부여가 되고 이것이 우리를 성공으로 이끈다. • 우리는 각 개인과 환경을 존중하는 업무환경을 육성한다. • 우리는 우리의 직무를 충족시킴으로써 우리의 헌신을 표현한다. 2. 모든 직원은 회사의 가치에 의해 유도된다: • 팀워크: 우리는 헌신과 상호 인정에 대한 공유된 인식을 바탕으로 함께 업무를 수행함으로써만 성공할 수 있다. • 통합을 위한 힘: 우리는 그룹의 공통 목표 달성에 공헌하며 차이를 효과적으로 통합한다. • 개발 동력: 우리는 우리 자신과 비즈니스를 개발한다. 3. 경영진은 직원에게 의무적인 가치들에 대해서 모범이 된다.	1. 우리는 전 세계 고객에게 높은 품질을 가진 단조 부품, 구성품과 시스템을 제공한다. 2. 우리는 능동적으로 변화하는 시장과 제품 요구사항을 충족시킨다. 3. 우리는 고유한 셀링포인트를 갖는 제품의 수를 증가시키기 위해 노력한다.

그림 5.2.1 외국 기업 경영 매뉴얼 사례 5

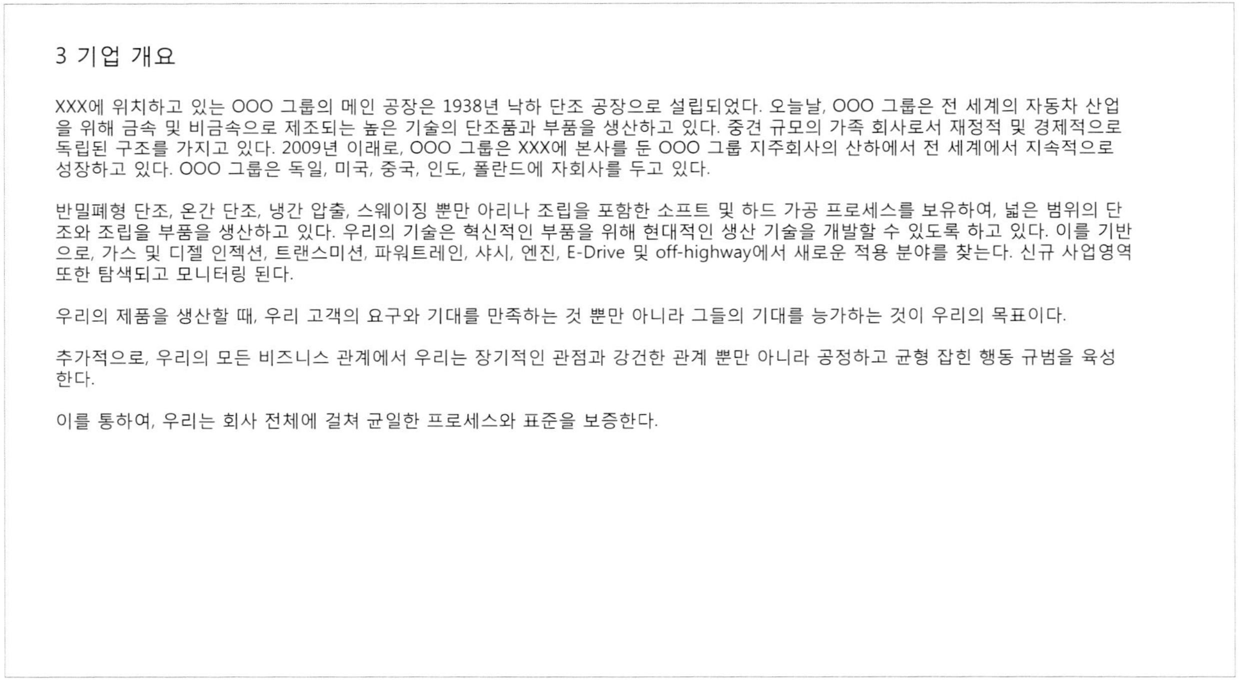

3 기업 개요

XXX에 위치하고 있는 OOO 그룹의 메인 공장은 1938년 낙하 단조 공장으로 설립되었다. 오늘날, OOO 그룹은 전 세계의 자동차 산업을 위해 금속 및 비금속으로 제조되는 높은 기술의 단조품과 부품을 생산하고 있다. 중견 규모의 가족 회사로서 재정적 및 경제적으로 독립된 구조를 가지고 있다. 2009년 이래로, OOO 그룹은 XXX에 본사를 둔 OOO 그룹 지주회사의 산하에서 전 세계에서 지속적으로 성장하고 있다. OOO 그룹은 독일, 미국, 중국, 인도, 폴란드에 자회사를 두고 있다.

반밀폐형 단조, 온간 단조, 냉간 압출, 스웨이징 뿐만 아리나 조립을 포함한 소프트 및 하드 가공 프로세스를 보유하여, 넓은 범위의 단조와 조립을 부품을 생산하고 있다. 우리의 기술은 혁신적인 부품을 위해 현대적인 생산 기술을 개발할 수 있도록 하고 있다. 이를 기반으로, 가스 및 디젤 인젝션, 트랜스미션, 파워트레인, 샤시, 엔진, E-Drive 및 off-highway에서 새로운 적용 분야를 찾는다. 신규 사업영역 또한 탐색되고 모니터링 된다.

우리의 제품을 생산할 때, 우리 고객의 요구와 기대를 만족하는 것 뿐만 아니라 그들의 기대를 능가하는 것이 우리의 목표이다.

추가적으로, 우리의 모든 비즈니스 관계에서 우리는 장기적인 관점과 강건한 관계 뿐만 아니라 공정하고 균형 잡힌 행동 규범을 육성한다.

이를 통하여, 우리는 회사 전체에 걸쳐 균일한 프로세스와 표준을 보증한다.

그림 5.2.1 외국 기업 경영 매뉴얼 사례 6

4 경영 방침

법적 요구사항 및 사내 표준에 대한 준수를 보장하는 것은 OOO 그룹 경영 시스템의 기초를 형성한다. 경영 방침은 정기적으로 점검되고 새로운 개발에 맞춰 변경된다. 증거 기반의 의사 결정이 규칙이며, 가이드라인과 경영 방침은 모든 직원에게 구속력이 있다.

품질, 환경, 자원의 보존, 안전 및 보안,에 대한 개인의 책임과 함께 이러한 이슈들에 몰입하는 것 또한 다양한 기능과 조직 단위에서 공통으로 중요하게 간주된다. 관련된 경영 관리자들은 적절한 목표를 유도하고 이들의 달성을 모니터링 함으로써 이러한 사항들의 실행에 대한 책임을 진다.

OOO 그룹은 생산 시스템, 목표 된 시장 및 제품 전략 추구와 모든 프로세스의 지속적 개선을 위한 총체적인 아이디어 관리 시스템의 실행을 보증한다.

OOO 그룹 인트라넷을 통해 모든 직원은 품질, 환경 및 에너지, 안전 및 보건 그리고 리스크와 기회 뿐만 아니라 정보기술 보안에 대한 최신의 방침을 사용할 수 있다.

그림 5.2.1 외국 기업 경영 매뉴얼 사례 7

4.1 품질 방침

품질 방침은 품질 원칙에 의해서 정의된다.

OOO 그룹의 품질 원칙 우리 회사의 성공을 위한 기초는 OOO 그룹 미션 선언서이다.
우리의 비전
우리는 우리의 고객에게 최상의 품질의 제품을 공급한다. 품질은 우리가 모든 프로세스에서 우리 회사들과 협력하여 일함을 증명한다.
우리의 가이드라인
• 우리는 고객을 만족시키기를 원한다. 우리는 고객의 기대를 충족시키거나 능가하는 우리의 제품과 서비스를 통해서 이를 달성한다. • 무결점 품질에 대한 목표는 최고 경영자부터 견습생까지 우리회사의 모든 개인이 의무적이다. • 우리의 가이드라인과 프로세스는 국제 표준, 고객 요구사항, 우리의 지식 그리고 우리의 경험을 기반으로 한다. 이러한 가이드라인과 프로세스에 대한 인식과 준수는 우리 품질의 기초가 된다. • 오류를 바로잡는 것보다 오류를 회피하도록 하는 것이 우선시 된다. 우리에게, 품질은 시작부터 일을 올바르게 하는 것이고 우리의 프로세스를 지속적으로 개선하는 것을 의미한다. 프로세스의 품질은 비용을 줄이고 경쟁력을 강화 시켜준다. • 우리의 협력업체는 우리 제품과 서비스에 중요한 공헌을 한다. 그러므로, 우리는 우리 스스로가 그러하 듯이 우리의 협력업체에게 동일한 높은 표준을 요구한다.

그림 5.2.1 외국 기업 경영 매뉴얼 사례 8

4.2 환경 및 에너지 방침

환경 및 에너지 방침은 환경 및 에너지 원칙에 의해서 정의된다.

OOO 그룹의 환경 원칙 우리 회사의 성공을 위한 기초는 OOO 그룹 미션 선언서이다.
우리의 ㅂ 전
우리는 모든 프로세스에서 환경을 보호한다. 자원의 효율적인 취급이 우리가 수행하는 모든 것을 설명한다. 그럼으로써, 우리는 우리의 사업 부분에서 우리를 개척자로 본다.
우리의 가이드라인
• 우리의 목표는 우리의 기업 환경 성과를 지속적으로 개선하는 것이다. 모든 법과 규제에 대한 준수는 우리 행동의 기초를 형성한다. 우리는 고객, 정부와 공공 부분과의 개방적인 대화를 중요한 요소로 인식한다. • 환경 보호는 모든 구성원에게 영향을 미친다. 교육훈련을 통해서 우리는 환경에 대해서 높은 인식 수준을 달성한다. 우리의 협력업체는 우리의 통합 환경 보호 시스템에 통합 된다. • 우리는 미래를 예측하는 방식으로 행동한다. 우리는 전체 생산 프로세스에서 환경 및 에너지 분야에 주의를 기울인다. 현재 보유하고 있는 비상 계획은 예외적인 상황데 대해 신뢰할 수 있는 행동을 취함을 보장한다. • 목표를 바탕으로 성과를 모니터링 함으로써, 우리는 폐기물 발생을 최소화, 회피하고 발생된 폐기물을 재활용한다. 우리는 우리의 프로세스를 계획하고 실행할 때 에너지 효율의 지속적인 개선을 중요한 요소로 인식한다. • 내부 및 외부 심사는 우리의 환경 및 에너지 경영 시스템의 효과성을 모니터링 하는데 기여한다.

그림 5.2.1 외국 기업 경영 매뉴얼 사례 9

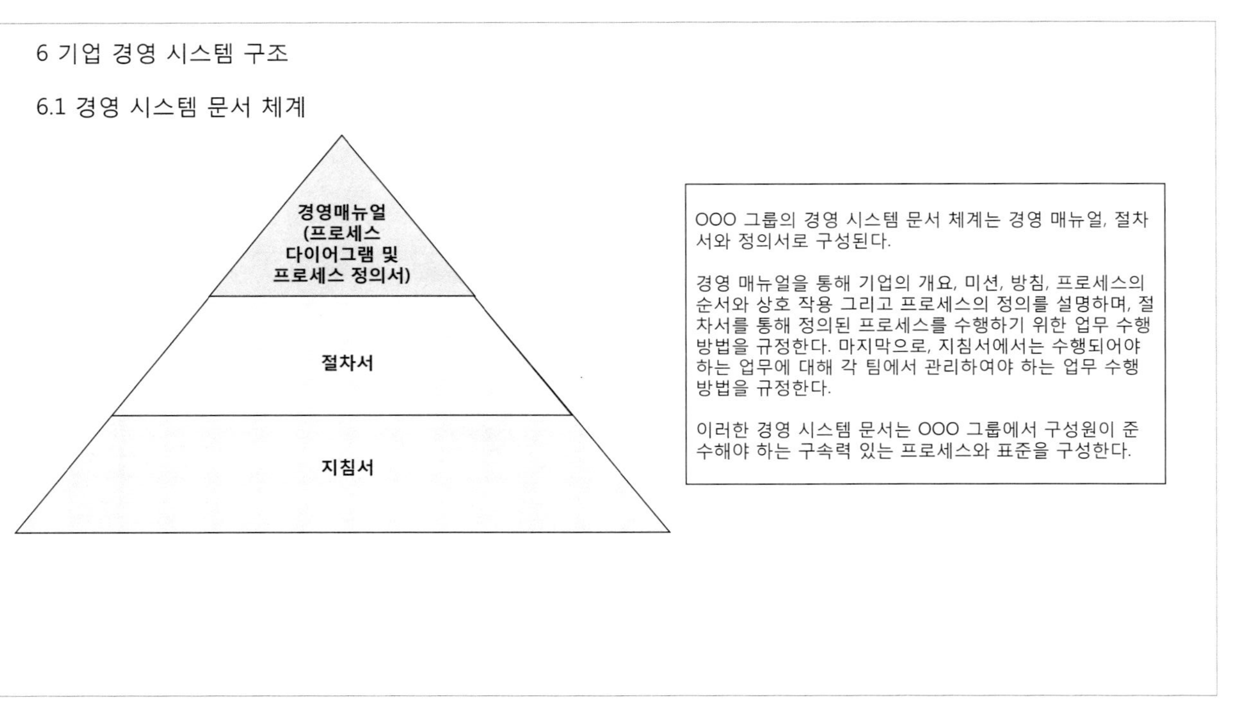

그림 5.2.1 외국 기업 경영 매뉴얼 사례 10

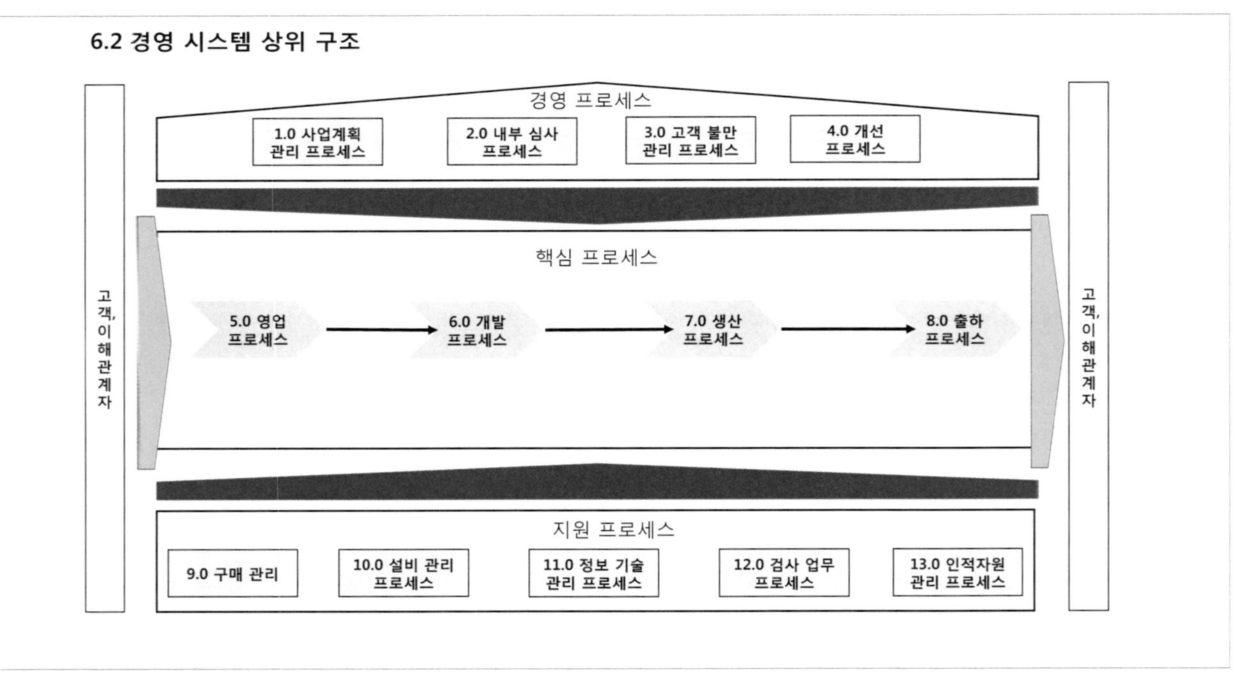

그림 5.2.1 외국 기업 경영 매뉴얼 사례 11

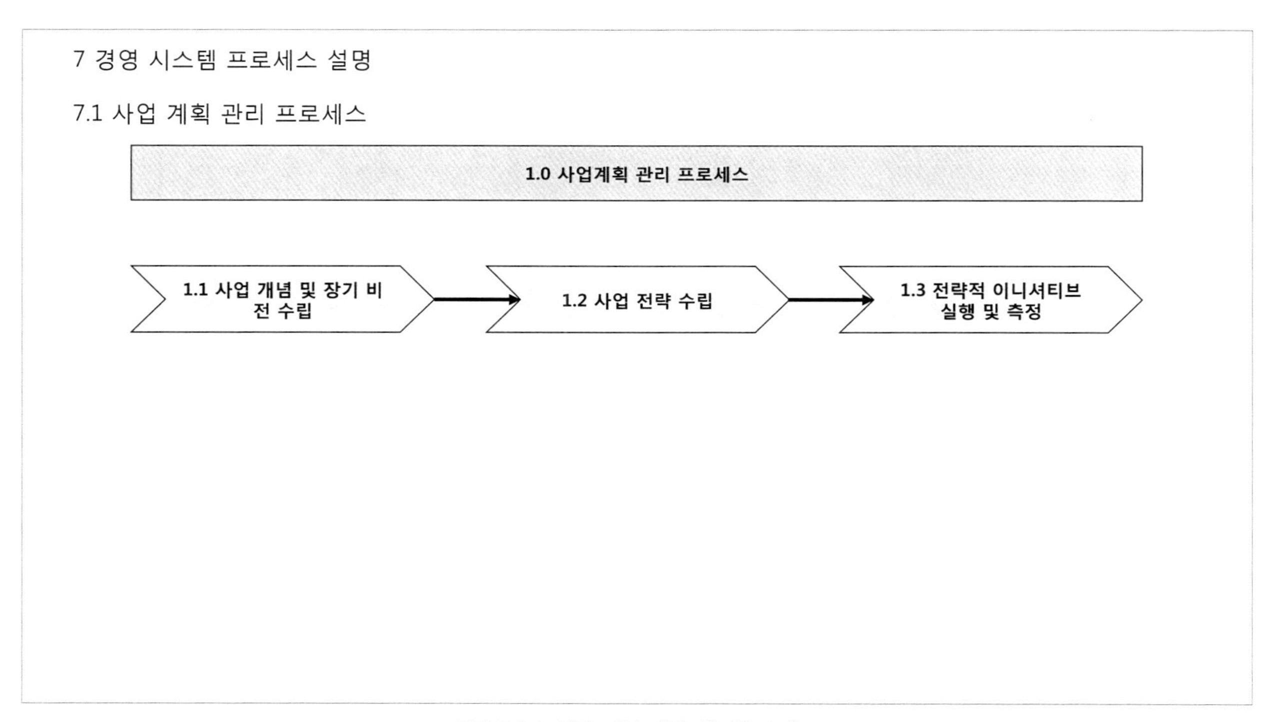

그림 5.2.1 외국 기업 경영 매뉴얼 사례 12

1.0 사업 계획 관리 프로세스

프로세스 오너	참여자	KPI
• 관리팀장	• 대표이사, 영업팀장, 구매팀장, 생산팀장, 설비보전팀장, 품질팀장	• 매출액 • 순이익

이해관계자	이해관계자의 요구와 기대
• 주주 • 대표이사 • 기업 구성원 • 고객	• 주식 가격 상승 • 수립된 사업 계획의 정확성 • 기업 경영의 투명성 • 고객 요구사항을 반영한 기업 경영

운용, 시장 및 기술에서의 변경

운용	N/A	시장	N/A	기술	N/A

목적

본 프로세스는 비전, 미션 그리고 전략 목표를 수립하고, 이를 달성하기 위한 대책을 수립하고 모니터링 하는 것을 목표로 한다.

적용 범위

본 프로세스는 OO에서 비전, 중장기 사업 계획 및 연도 사업 계획 수립에 적용된다.

선행 프로세스	입력	프로세스 활동	출력	후속 프로세스
• 기업 상위 구조의 프로세스	• 외부 환경 분석 • 고객 및 이해관계자의 요구와 기대 • 내부 환경 분석 • 전년도 경영 검토	1.1 사업 개념 및 중장기 비전 정의 1.2 사업 계획 수립 1.3 전략적 이니셔티브 실행 및 측정	• 중장기 비전 • 비즈니스 전략 • 전략적 이니셔티브	• 기업 상위 구조의 프로세스

프로세스 설명

외부 및 내부 환경과 사업 실적을 분석하여 중장기 비전과 사업계획을 수립하고, 연도 방침 및 연도 목표를 수립한다. 비전과 사업 계획을 달성하기 위한 전략적 이니셔티브를 추진하고, 이에 따른 모니터링을 실시한다. 사업 계획과 전략적 이니셔티브와 관련된 리스크를 식별하고, 리스크에 대한 조치를 실시한다.

물적 자원

- ERP, ppt 등

프로세스 제약사항

- 독점규제 및 공정거래에 관한 법률

필요 지식

- SWOT 분석

리스크

- 부정확한 정보
- 잘못 수립된 전략

기회

N/A

관련 절차서

- 사업 개념 및 중장기 비전 관리 절차서
- 사업 계획 관리 절차서
- 리스크 관리 절차서
- 성과 모니터링 및 경영검토 관리 절차서

그림 5.2.1 외국 기업 경영 매뉴얼 사례 13

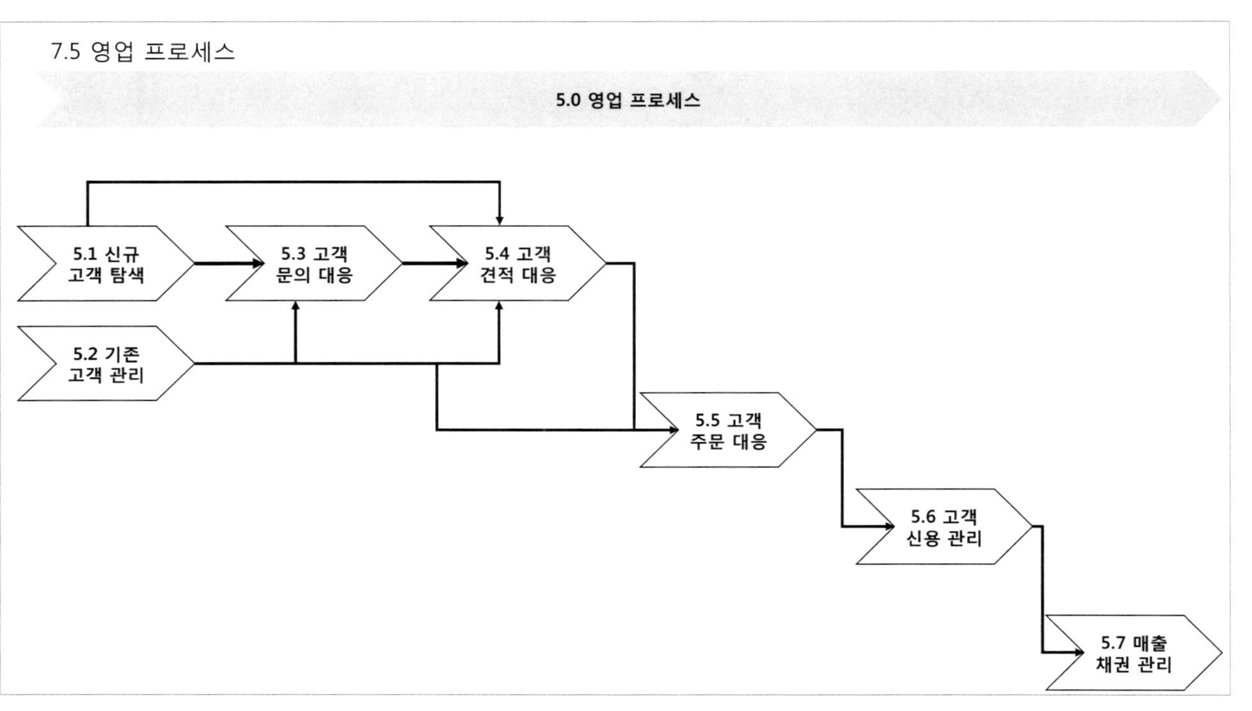

그림 5.2.1 외국 기업 경영 매뉴얼 사례 14

5.4 고객 견적 대응 프로세스

프로세스 오너	참여자	KPI
• 영업팀장	• 관리팀, 영업팀, 구매팀, 생산팀, 품질팀	• 견적 제출 일정 준수율 • 수주율

이해관계자	이해관계자의 요구와 기대
• 대표이사 • 고객	• 정확한 견적 • 실현가능하고, 요구사항을 충족한 견적

운용, 시장 및 기술에서의 변경

운용	견적 프로세스 전산화	시장	경쟁사 출현	기술	신규 생산기술

목적

신규 또는 기존 고객으로부터 견적 요청을 접수 받아, 고객 요구 사항과 당사의 능력을 검토하여 견적을 작성하여 고객에게 제출한다.

적용 범위

본 프로세스는 OO에서 고객을 위한 견적 대응 업무에 적용된다.

선행 프로세스	입력	프로세스 활동	출력	후속 프로세스
• 고객의 공급자 선정 프로세스	• 고객 견적 요청	5.4.1 견적 접수 5.4.2 견적 검토 5.4.3 고객 요구사항 검토 5.4.4 견적 작성 5.4.5 견적 제출	• 고객에게 제출된 견적서	• 개발 프로세스 • 생산 프로세스

프로세스 설명

고객으로부터 견적 제출 요청을 접수 받아, 고객 요구 사항과 당사의 능력을 검토하여 제품을 제조할 능력을 확인 후 고객 요구 사항에 따라서 견적을 제출한다. 고객 요구 사항 검토 시 제조 타당성 분석과 생산 능력을 분석하여, 고객의 엔지니어링 요구사항과 생산능력 요구사항을 충족할 수 있는지 확인한다.

물적 자원

• ERP, CAD, ppt 등

프로세스 제약사항

• N/A

필요 지식

• 고객 요구사항
• 생산 제품
• 공정 기술
• 원가 산출

리스크

• 고객 엔지니어링 요구사항 검토 실패
• 잘못 계산된 원가
• 고객 요구 일정 미준수

기회

N/A

관련 절차서

• 고객 견적 대응 절차서
• 고객 만족 절차서

그림 5.2.1 외국 기업 경영 매뉴얼 사례 15

사례로 제시한 외국 기업의 경영 매뉴얼은 전체가 아니지만, 가족 기업으로서의 기업 경영 의도와 기술 지향적인 기업으로서 추구하고자 하는 방향, 기업 구성원에게 대해 바라는 업무 행동 방향, 획득하고자 하는 인증 표준의 요구사항, 기업 경영을 하는 데에 있어서 기업이 정한 프로세스의 순서화 상호작용, 그리고 각 프로세스가 무엇을 하여야 하는가를 정의하고 있다. 이러한 경영 매뉴얼을 통해서 기업의 경영진과 구성원은 업무를 수행할 때 어떤 부분에 중점을 두고 무엇을 해야 하는가에 대한 이해를 얻을 수 있을 것이다.

추가적으로 알 수 있는 부분은, 사례로 제시한 경영 매뉴얼이 현재 국내 기업들이 보유하고 있는 경영 매뉴얼과 다른 부분이 있을 수도 있다는 것이다. 그림 5.2.1의 경영 매뉴얼에서는 프로세스의 순서와 상호작용, 그리고 프로세스 정의서에 많은 부분을 할애하고 있다. 그림 5.2.1에서 제시한 경영 매뉴얼의 장점은 초기에는 경영 매뉴얼을 수립하는 데에 시간이 많이 걸릴 수 있으나, 이후 기업의 필요에 의하여 개정이 되어야 할 경우 전체 시스템 체계를 유지하면서 개정할 수 있다는 것이다. 이는 기업의 필요성에 의해서 경영 매뉴얼이 수립되었기 때문일 것이다.

이와 달리 국내 기업들이 보유하고 있는, 특정 인증 규격에 부합하도록 수립된 경영 매뉴얼의 경우에는 기업 스스로의 필요성이 반영되지 않았기 때문에 최초에 만들기에는 상대적으로 쉬울 수 있으나 이후 변경이 발생함에 따라서 유지 관리하기에는 어려움이 있을 수 있다.

그리고 경영 매뉴얼 7장의 경영 시스템 프로세스 설명에서는 사례 기업의 경영 시스템이 어떻게 구성되어 있는지에 대해 많은 부분을 보여주고 있다. 이를 통해서 기업 경영 프로세스의 장점과 어떤 활동에 강조점을 두고 있는지도 파악할 수 있다. 이 부분은 경영 활동을 위한 기업의 자산으로 외부에 공개하는 것은 어려울 수 있다. 실제로도 많은 기업에서는 기업의 경영 매뉴얼을 포함한 품질경영시스템 문서 전체를 비공개로 유지한다.

인증받고자 하는 경영 시스템 표준이 이러한 경영 매뉴얼을 외부에도 공개할 것을 요구하는 경우, 기업은 7장의 구성을 사례와 같이 구체적으로 표현하지 않고 일반적인 내용으로 구성하여 외부 공개용으로 별도의 경영 매뉴얼을 만들어 관리하고 있기도 하다.

본 장에서는 프로세스 다이어그램과 프로세스 정의서를 작성한 후 기업의 경영 매뉴얼 구성하여 보았다. 그러나 프로세스 정의서를 보면 해당 프로세스를 수행하기 위해 필요한 절차서를 규정한 것을 알 수 있다. 그렇기 때문에 프로세스에서 정의한 절차서를 작성한 이후 프로세스 정의서에 변경이 발생한 경우에는 프로세스 정의서를 포함한 경영 매뉴얼을 수정할 필요가 있다.

현실에서는 많은 일들이 계획대로 실행되지 않듯이, 기업의 절차서를 수립하는 과정에서 프로세스 정의서에서 파악되지 않은 새로운 절차서가 필요할 수도 있고 때에 따라서는 새로운 프로세스가 필요할 수 있다. 그렇기 때문에 이 시점에서 경영 매뉴얼이 수립되었다고 하더라도 후속 문서화가 진행되면서 경영 매뉴얼이 다시 검토되어야 한다.

5.3 절차서 수립

프로세스 다이어그램과 프로세스 정의서가 작성되었으면, 이제 그에 따라서 절차서를 수립하여야 한다. 절차서는 최소한 각 프로세스별로 작성되어야 하며, 절차서는 프로세스 정의서의 숫자와 최소한 같거나 더 많이 작성된다. 절차서 작성 시 먼저 프로세스 정의서를 활용하여 필요한 절차를 정의하고, 그에 따라서 해당 절차서를 작성한다.

그림 5.3.1의 사업 계획 관리 프로세스 정의서를 보면 사업 계획 관리 프로세스를 운용하기 위하여 사업 개념 및 중장기 비전 관리 절차서, 사업 계획 관리 절차서, 리스크 관리 절차서, 그리고 경영 검토 절차서가 필요함을 알 수 있다.

결국 기업에서는 각 절차서 수립 책임자를 선정하여 필요한 절차서를 작성할 수 있도록 하여야 한다. 만약 업무 수행을 위해 절차가 필요하여 절차서를 작성하였는데 해당하는 프로세스 정의서가 없다면, 이

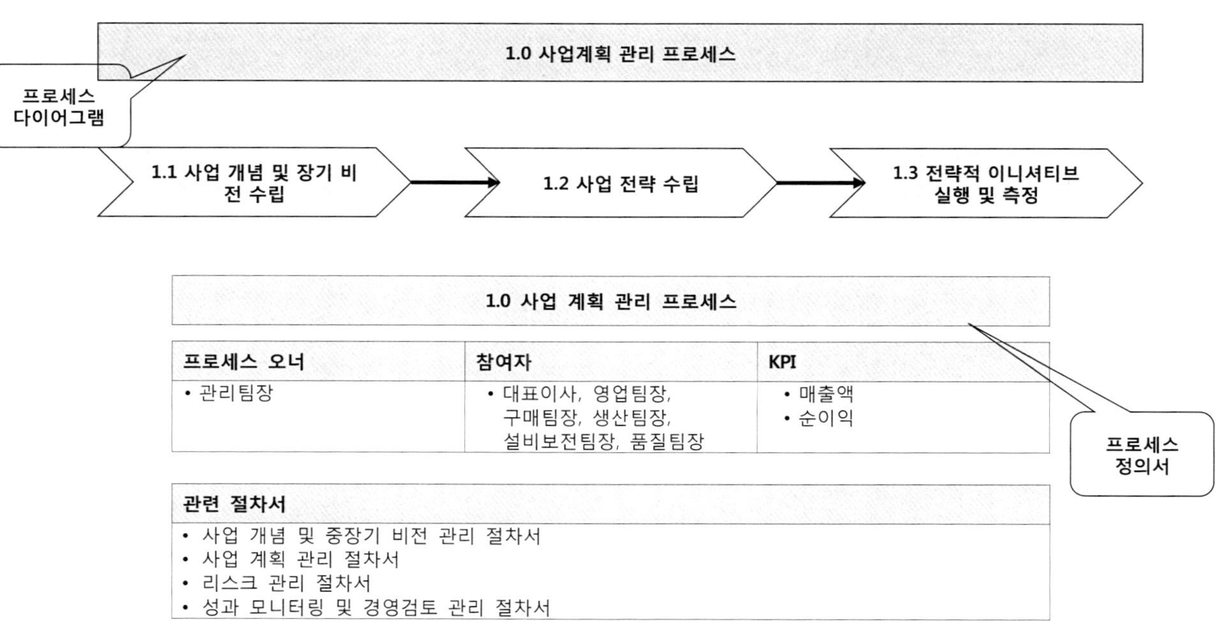

그림 5.3.1 사업 계획 관리 프로세스 정의서

는 프로세스 다이어그램과 프로세스 정의서의 구성이 미흡하다는 것을 의미한다. 그럴 경우 관련된 프로세스를 고려하여 프로세스 다이어그램 또는 프로세스 정의서를 개정하여 작성한 절차서와 기업 경영 시스템 프로세스 문서 간의 연계성을 먼저 구축한 후에 절차서를 작성하여야 할 것이다.

그림 5.3.2는 사업 계획 관리 프로세스 정의서에서 규정한 절차 중에서 리스크 관리 절차서를 작성한 사례이다.

OOO-P10013 리스크 관리 절차	기업 로고

목차

그림 5.3.2 리스크 관리 절차서 1

OOO-P10013 리스크 관리 절차	기업 로고

그림 5.3.2 리스크 관리 절차서 2

OOO-P10013 리스크 관리 절차	기업 로고

1. 개요

1.1 목적 및 개요
본 절차서는 OOO 기업의 경영 활동에서 조직의 외부 및 내부 상황 파악, 이해관계자의 요구의 기대 파악 그리고 이를 통해 리스크를 파악하고 관리하는 것을 목적으로 한다.
본 절차서는 OOO기업 내에서의 리스크의 파악, 평가, 리스크 관리에 대한 우선 순위 수립, 리스크에 대한 조치 계획 수립 및 관리 그리고 리스크에 대하여 실행된 조치의 효과성 평가에 사용된다.
본 절차서를 통하여 ISO 9001 4.1항, 4.2항, 6.1항 및 9.3.2항의 요구사항을 충족시킨다.

1.2 적용 범위
본 절차서는 OOO 기업의 모든 부서에 적용 된다.

1.3 절차 책임
본 절차서의 작성 및 갱신에 대한 책임은 관리팀장에게 있다.

1.4 역할과 책임
1) 관리팀장
관리팀장은 이슈와 리스크를 도출함에 있어서 적용되는 방법론을 결정한다.
또한, 선정된 이슈에 대해서 사업 계획에 포함되어야 할 이슈를 결정하고, 각 팀에서 도출한 리스크 관리가 적절함을 관리하는 데에 대한 책임을 진다.

2) 관리팀 리스크 관리 담당자
관리팀의 리스크 관리 담당자는 이슈 및 리스크 도출의 일정 관리 및 산출물 관리에 대한 책임을 진다.
관리팀의 리스크 관리 담당자는 적용된 이슈 및 리스크 도출 방법론을 기업 구성원들이 이해할 수 있도록 하여야 하고, 필요시에는, 각 팀의 이슈 및 리스크 도출 활동을 지원한다.

3) 각 팀장
각 팀장은 팀 내에서 리스크 코디네이터를 지명하고, 리스크 코디네이터를 통해서 사업 계획을 위한 이슈 관리와 리스크 관리가 적절하게 수행될 수 있도록 한다.

그림 5.3.2 리스크 관리 절차서 3

OOO-P10013 리스크 관리 절차	기업 로고

2. 용어의 정의

» 리스크: 불확실성의 영향
비고 1 영향은 긍정적 또는 부정적 예상으로부터 벗어나는 것이다.
비고 2 불확실성은 사건, 사건의 결과 또는 가능성에 대한 이해 또는 지식에 관련된 정보의 부족, 심지어 부분적으로 부족한 상태이다.
비고 3 리스크는 흔히 잠재적인 사건과 결과 또는 이들의 조합으로 특징지어진다.

» SWOT: 내부 환경과 외부 환경을 분석하여 사업의 방향을 정하고 대처하기 위해 쓰이는 방법
S(Strength): 강점 W(Weakness): 약점
O(Opportunity): 기회 T(Threat): 위협

3. 업무 절차

3.1 사업 계획 수립을 위한 리스크 관리 업무 절차

3.1.1 이슈 도출 요청
관리팀 리스크 관리 담당자는 사업 계획 수립을 위한 일정 계획이 수립되었을 때, 관련 팀에게 사업 계획 수립에 반영되어야 할 이슈 도출을 전자 결재와 이메일을 통해 요청한다. 이슈 파악 요청 시, 이슈 도출을 위한 시간 계획을 수립하여 요청 시 함께 전체 부서에 배포하여, 각 팀에서 이슈 도출 시 수립된 일정 계획에 따라서 이슈가 도출 될 수 있도록 하여야 한다.
사업 계획에 반영되어야 할 이슈는 사업 계획 수립 예정일60일 이전에 전체 부서에 요청되어 사업 계획 수립 예정일 30일 이전에 완료 될 수 있도록 하여야 한다.

3.1.2 외부 및 내부 상황 파악
각 팀에서는 관리팀의 이슈 도출 요청을 접수 받고, 부서 내 협의 과정을 통해 기업 전체와 팀과 관련된 외부 및 내부 상황과 이해관계자의 요구와 기대를 파악하여야 한다. 외부 및 내부 상황과 이해관계자의 요구와 기대 파악 시, SWOT 분석을 활용하여 조직의 상황을 파악한다. SWOT 분석은 첨부된 SWOT 분석 서식(첨부 3. OOO-P10013-F01 SWOT 서식)을 사용하여 작성한다.
각 팀에서는 SWOT 분석을 통해 파악된 각 요소에 대해 중요도를 선정하여 각 요소별 우선 순위를 파악한다. 우선 순위는 S(강점), W(약점), O(기회), T(위협) 각각에 대해 우선 순위를 파악하고, 가장 우선 순위가 높은 항목부터 1부터 차례대로 번호를 부여한다.

그림 5.3.2 리스크 관리 절차서 4

OOO-P10013 리스크 관리 절차	기업 로고

3.1.3 이슈 도출
각 팀에서는 SWOT 분석을 통해서 외부 및 내부 상황과 이해관계자의 요구와 기대를 파악 후, 파악된 상황에 따라서 관리가 될 수 있는 이슈를 도출한다. 이슈 도출 시에는 아래의 방향으로 이슈를 도출한다.
(1) SO(강점-기회): 강점을 활용하여 기회를 높임
(2) ST(강점-위협): 강점을 활용하여 위협을 낮추거나 제거함
(3) WO(약점-기회): 약점을 최소화하거나 제거하여 기회를 높임
(4) WT(약점-위협): 약점을 최소화하거나 제거하여 위협을 낮추거나 제거함
이슈를 도출할 때에는 3.1.2항에서 파악한 S, W, O, T에 따른 상황에서 최소한 2순위 이상의 항목에 대해서는 반드시 이슈를 도출하여야 한다. 이슈 도출 시 첨부된 이슈 도출 서식(첨부 4. OOO-P10013-F02 이슈 도출 서식) 을 사용한다.

3.1.4 이슈 우선 순위화
각 팀에서는 파악된 이슈의 중요성과 조치의 긴급성을 기준으로 이슈의 우선 순위를 정한다. 우선 순위를 정할 때에는 가장 우선 순위가 높은 항목에 대해 1부터 순서대로 우선순위의 번호를 부여한다. 각 팀에서는 이슈를 우선 순위를 정한 이후에, 파악된 이슈의 적절성 검토를 위하여 관리팀 리스크 담당자에게 SWOT 분석 결과와 우선 순위를 부여한 이슈를 통보한다.

3.1.5 파악된 이슈의 적절성 검토
관리팀의 리스크 담당자는 각 팀으로부터 접수된 이슈에 대해, 도출 과정의 적절성과 파악된 이슈의 적절성을 검토한다. 검토 시 미흡한 부분이 있을 경우에는,
해당 팀에 보완을 요청한다. 해당 팀에서 요청 시 또는 관리팀 리스크 담당자가 필요하다고 판단할 경우, 관련팀과 협의를 실시하여 이슈 도출 자료에 대한 보완을 실시한다.

3.1.6 사업 계획을 위한 이슈 선정
관리팀의 리스크 담당자는 완료된 이슈에 대해 관리팀장에게 보고하고, 관리팀장 주관 하에, 전체 팀장과의 회의를 실시하여 사업 계획에 반영되어야 하는 이슈를 선정한다. 이슈 선정 시, 기업 전체적인 관점에서 방향을 정하고 목표를 설정하여 관리할 필요가 있는 항목에 대해 사업 계획에 반영할 이슈로 선정한다.

그림 5.3.2 리스크 관리 절차서 5

OOO-P10013 리스크 관리 절차	기업 로고

3.1.7 선정된 이슈의 적절성 검토

관리팀장은 각 팀과의 회의를 통해 선정한 이슈를 대표이사에게 보고한다. 이를 위해서, 관리팀장은 대표이사가 참석하는 전체 팀 회의를 소집할 수 있다. 관리팀장은 선정된 이슈에 대해서 대표이사가 사업 계획에 반영하여야 한다고 판단한 이슈와 대표 이사가 사업 계획에 반영할 필요가 있다가 제안한 이슈를 선정한다. 이슈 선정 시 파악된 이슈에 대한 재검토가 필요한 경우, 관리팀장은 관련팀과의 회의를 실시하여, 이슈 선정을 재검토하여 이슈를 재선정한다.

3.1.8 선정된 이슈 배포

관리팀 리스크 담당자는 대표이사가 선정한 이슈를 정리 후 전체 팀에 전자 결재와 이메일로 배포하여, 기업 전체 사업 계획과 팀 사업 계획 수립시에 선정된 이슈를 반영할 수 있도록 한다.

3.2 경영 시스템 프로세스 업무 수행을 위한 리스크 관리 업무 절차

3.2.1 리스크 도출 요청

관리팀의 리스크 담당자는 팀 사업 계획을 포함하여 전체 사업 계획이 수립된 이후, 전체 부서에게 전자 결재와 이메일로 프로세스 업무 수행을 위한 리스크 도출 및 리스크에 대한 조치 계획 수립을 요청한다. 리스크 도출과 리스크에 대한 조치 계획은 사업 계획이 확정된 이후 30일 이내에 완료되어야 한다.

3.2.2 리스크 도출

각 팀은 사업 계획을 위해 작성한 SWOT 분석 그리고 사업 계획을 통해 수립된 성과 목표를 기반으로 리스크를 도출한다. 리스크 도출 시, 필요한 경우 SWOT 분석 서식에 수립된 성과 목표의 달성과 관련하여, 조직의 외부 및 내부 상황과 이해관계자의 요구와 기대 항목을 추가할 수 있다.
SWOT 분석을 위해 도출된 사례는 다음과 같을 수 있으나, 그에 더하여 추가적으로 리스크가 도출 될 수도 있다.

도출 가능한 리스크의 사례
1) 인적 요소(예. 지식과 스킬의 부족, 규칙 위한, 인적 오류)
2) 장비의 불충분한 능력, 능력 저하 그리고 고장
3) 설계 및 개발 실패
4) 외부에서 제공되는 자재와 서비스에서의 계획되지 않은 변경
5) 프로세스를 운용하는 환경에서 관리되지 않은 산포 발생
6) 시장의 요구를 포함한 이해관계자의 요구와 기대에서의 기대하지 않았던 변경

그림 5.3.2 리스크 관리 절차서 6

OOO-P10013 리스크 관리 절차	기업 로고

3.2.3 리스크 평가

각 팀은 도출된 리스크에 대해 해당 리스크로 인한 영향의 중요성과 발생 빈도를 고려하여 각각에 대해 5점 척도로 리스크의 중요도와 발생 빈도를 평가하고, 점수가 부여된 중요도와 발생도를 더하여 도출된 리스크 별 리스크 점수를 계산한다.

리스크 영향의 중요도 점수 부여 기준
5점: 영향 비용 3억 이상 또는 기업의 평판에 심각한 악영향을 줌
4점: 영향 비용 2억 이상 또는 기업의 평판에 중요하게 악영향을 줌
3점 영향 비용 1천만인 이상 또는 기업의 평판에 악영향을 줌
2점: 영향 비용 5천만원 이상 또는 기업의 평판에 약간의 악영향 줌
1점: 영향 비용 5천만원 이하 또는 기업 평판에 악영향은 거의 없음

리스크 발생도 점수 부여 기준
5점: 1개월에 1회 이상 발생
4점: 분기에 1회 이상 발생
3점: 반기 1회 이상 발생
2점: 년 1회 이상 발생
1점: 년 1회 이하 발생

그림 5.3.2 리스크 관리 절차서 7

OOO-P10013 리스크 관리 절차	기업 로고

3.2.4 리스크 관리 우선순위화

각 팀은 리스크 평가 후 리스크를 관리하기 위한 우선 순위를 평가한다. 우선 순위를 표1의 리스크 등급 평가를 통해 관리의 우선 순위를 정한다. 우선 순위를 정한 후 각 리스크에 대한 관리 방법을 정한다. 관리 방법으로는 현재의 리스크 유지, 감소 그리고 회피로 규정한다. HIGH로 평가된 항목에 대해서 감소 또는 회피로 관리를 정하여야 하며, 만약 HIGH 항목에 대해 리스크를 유지로 판단한 경우, 그에 대한 근거를 기록하여야 한다. 리스크 등급 평가 시 HIGH로 평가된 항목이 없는 경우에는 나머지 상위 20% 항목에 대해, 그 중요도를 기준으로 감소화 회피 활동으로 관리를 정하여야 한다. 상위 20% 항목에 더해서도 감소 또는 회피를 규정하지 않은 경우, 그에 대한 근거를 기록하여야 한다.

중요도 \ 발생도	1	2	3	4	5
5	LOW	MEDIUM	HIGH	HIGH	HIGH
4	LOW	MEDIUM	HIGH	HIGH	HIGH
3	LOW	MEDIUM	MEDIUM	MEDIUM	MEDIUM
2	LOW	MEDIUM	MEDIUM	MEDIUM	MEDIUM
1	LOW	LOW	LOW	LOW	LOW

표1. 리스크 등급 평가

그림 5.3.2 리스크 관리 절차서 8

OOO-P10013 리스크 관리 절차	기업 로고

3.2.5 리스크 조치 계획 수립

각 팀에서는 리스크 관리 우선순위화를 통해서, 관리 분류가 감소와 회피로 선정된 항목에 대해서는 적절한 조치 계획을 수립한다. 조치 계획 수립 시에 조치 계획을 경영 시스템 문서화에 반영할지 팀 업무에 반영할지를 결정한다. 조치를 경영 시스템 문서화에 반영하여야 할 필요가 있는 경우에는, 해당하는 프로세스 또는 절차서에 대한 개정을 실시한다. 만약 프로세스와 절차서의 책임 부서가 다른 부서일 경우, 해당 부서와의 협의를 통해 관련 경영 시스템 문서를 개정하도록 한다. 조치 계획을 팀 업무에 반영할 경우에는, 팀의 To-Do 리스트에 해당 조치 계획을 등록하여 실시하도록 한다.

조치 계획 수립시에는 조치 계획의 목표 완료 일자와 담당자를 함께 규정하여 관리하도록 하고, 실시된 조치 계획이 완료된 이후에 예상되는 중요도와 발생도를 값을 괄호로 입력한다. 조치 계획 수립시에 관련 담당자와 협의를 통해 조치 계획을 수립하도록 한다.

3.2.6 리스크 조치 계획 실시

조치 계획에 명시된 담당자는 수립된 완료 일정을 고려하여 수립된 조치 계획을 실시한다. 만약, 조치 계획을 실행하고 위하여 다른 팀의 협조가 필요한 경우, 관련 인원과의 협의를 통해 계획된 활동이 실시될 수 있도록 한다.

3.2.7 조치 계획 완료 확인

각 팀은 매월 팀 회의시에 계획된 활동의 진행 현황을 파악한다. 계획된 조치 계획에서 예정된 일정을 달성 할 수 없거나, 수립된 조치 계획의 변경이 필요하다고 판단되는 경우, 팀 회의시에 이를 협의하여 결정된 사항에 따라서 완료 일정 또는 조치 계획을 변경하도록 한다.

3.2.8 실시된 조치의 효과성 평가

각 팀은 매월 팀 회의를 통해 리스크에 대한 조치 계획의 진행 현황 확인 시, 완료된 조치 계획의 효과성을 평가한다. 효과성 평가시에는 조치 계획에 지정한 예상했던 중요도와 발생도를 참조로 평가를 실시하고, 완료된 조치에 대한 중요도와 발생도를 지정할 경우에는, 괄호를 제외하고 중요도와 발생도를 평가 하도록 한다.

3.2.9 실시된 조치의 효과성 결정

각 팀은 조치 계획이 완료된 이후 리스크의 중요도와 발생도를 고려하여 리스크의 등급을 재선정하고, 선정된 중요도와 발생도를 합하여 리스크 점수를 기입한다.

그림 5.3.2 리스크 관리 절차서 9

OOO-P10013 리스크 관리 절차	기업 로고

3.2.10 후속 조치

각 팀은 실행된 조치에 대한 효과성을 근거로 완료되지 않았거나, 효과성이 미흡한 것으로 판단된 리스크에 대해서는 후속 활동을 규정한다. 후속 활동을 정할 경우, 당해 년도에 조치가 되어야 할 리스크에 대해서는 조치 계획을 재 수립하여 실시하고, 당해 년도에 조치를 취할 필요는 없으나, 여전히 관리가 필요한 리스크에 대해서는 차기 년도 리스크 관리시에 포함되어 관리될 수 있도록 한다. 조치가 완료되지 않았거나, 효과성이 없는 것으로 판단 된 리스크 중에서 조직의 상황의 변화로 인해 더 이상 관리가 필요하지 않은 리스크에 대해서는 그 근거를 기록하고, 리스크 관리를 유지로 지정한다.

각 팀은 후속 조치에 대해서 리스크 관리 서식에 필요한 후속 조치를 실시하고, 완료되어 효과성이 입증된 리스크와 후속 조치가 필요한 리스크를 모두 관리팀 리스크 담당자에게 송부하여 관리팀에서도 각 팀의 리스크 관리 현황을 확인 할 수 있도록 한다.

3.2.11 결과 취합

관리팀 담당자는 각 팀으로부터 리스크 관리의 최종 결과본을 접수 받아, 리스크 관리 전개의 적절성을 검토한다. 검토 결과 미흡한 사항이 발견될 경우, 해당 팀에 리스크 관리 내용에 대한 보완을 요청해야 하며, 해당 팀의 요청 또는 관리팀 리스크 담당자가 필요하다고 판단할 경우, 관련 팀과 회의를 통해 실시된 리스크 관리에 대한 보완을 실시한다.

관리팀 리스크 관리 담당자는 각 팀으로부터 접수된 리스크 관리 결과를 정리하여, 그 결과를 경영 검토의 입력 자료로 포함하여야 한다.

관리팀 담당자는 취합된 리스크 관리 결과를 검토하여, 최상의 실행 예제를 만들거나, 최상의 실행 예제를 선정하여, 차기 년도 리스크 관리를 실시할 때에 이를 전체 팀에게 전달하거나, 이들에 대한 교육을 실시하여야 한다.

그림 5.3.2 리스크 관리 절차서 10

OOO-P10013 리스크 관리 절차	기업 로고

4. RASIC 표

구분	관리팀장	영업팀장	구매팀장	생산팀장	설비보전팀장	품질팀장	대표이사
사업 계획 수립을 위한 리스크 관리							
SWOT 분석	R	R	R	R	R	R	I
이슈 도출	A	S	R	R	R	R	I
이슈 승인	R	S	S	S	S	S	A
경영 시스템 프로세스 업무 수행을 위한 리스크 관리							
리스크 관리	R	R	R	R	R	R	N/A
리스크 취합	R	S	S	S	S	S	N/A

※
R(Responsibility): 책임
A(Approval): 승인
S(Support): 지원
I(Information): 정보
C(Consent): 합의

※ RASIC 표를 통해서 파악된 팀에는 관련 결과물이 공유 되어야 함.

그림 5.3.2 리스크 관리 절차서 11

OOO-P10013 리스크 관리 절차	기업 로고

5. 관련 문서 및 사용 서식

관련 문서
사업 계획 관리 절차서
경영 검토 관리 절차서
문서 관리 절차서

사용 서식	보존 년한
OOO-P10013-F01 SWOT 서식	5년
OOO-P10013-F02 이슈 도출 서식	5년
OOO-P10013-F02 리스크 관리 서식	5년

그림 5.3.2 리스크 관리 절차서 12

OOO-P10013 리스크 관리 절차	기업 로고

작성	검토	승인	유효 일자

개정 이력

일자, Revision 0: 초도 제정

그림 5.3.2 리스크 관리 절차서 13

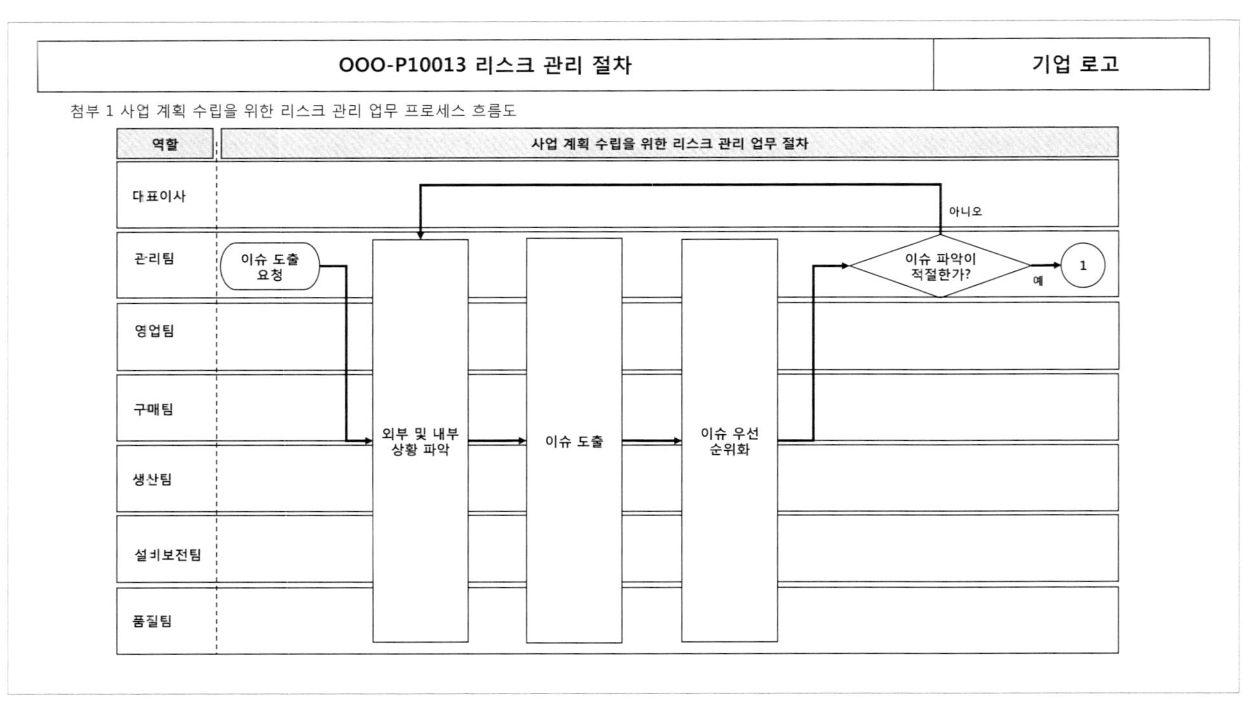

그림 5.3.2 리스크 관리 절차서 14

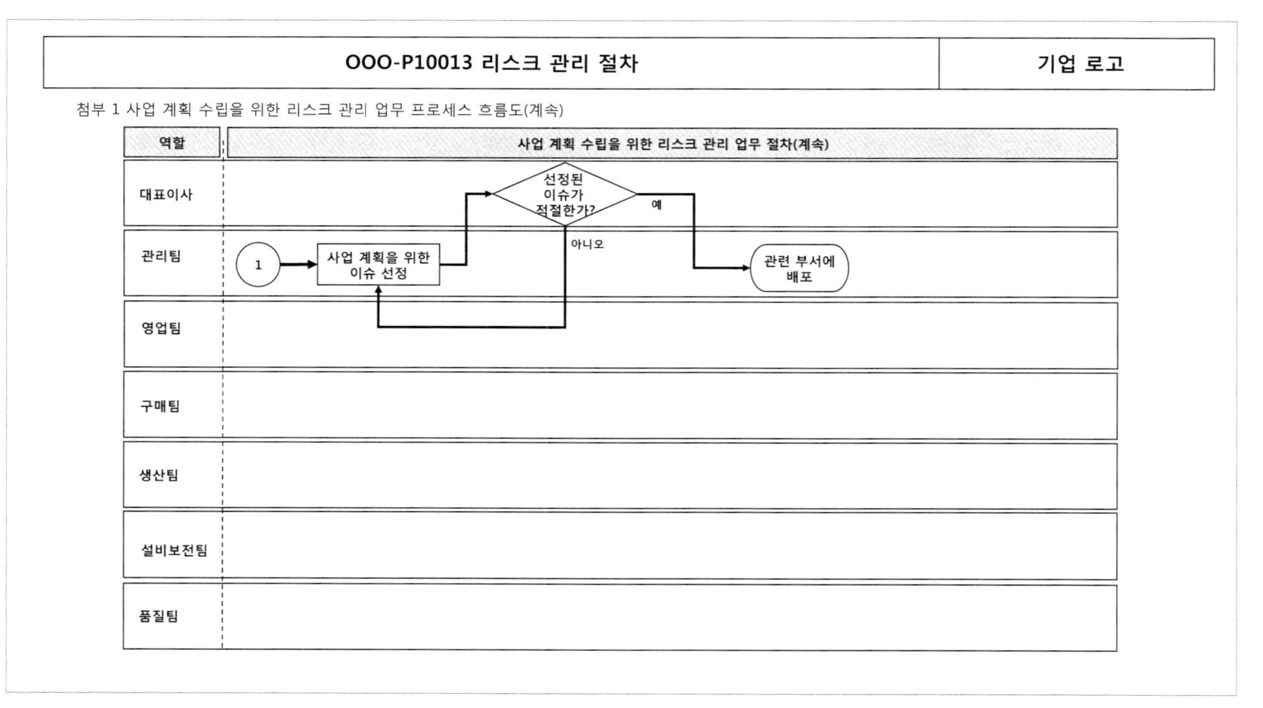

그림 5.3.2 리스크 관리 절차서 15

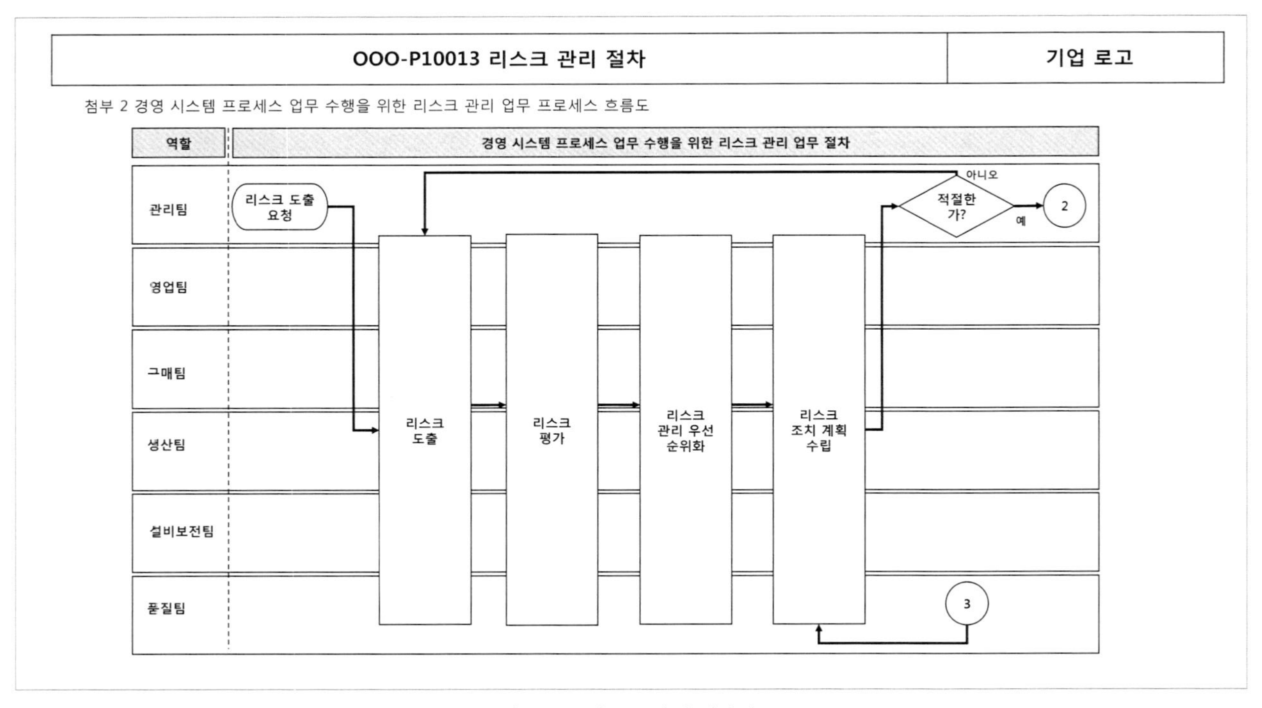

그림 5.3.2 리스크 관리 절차서 16

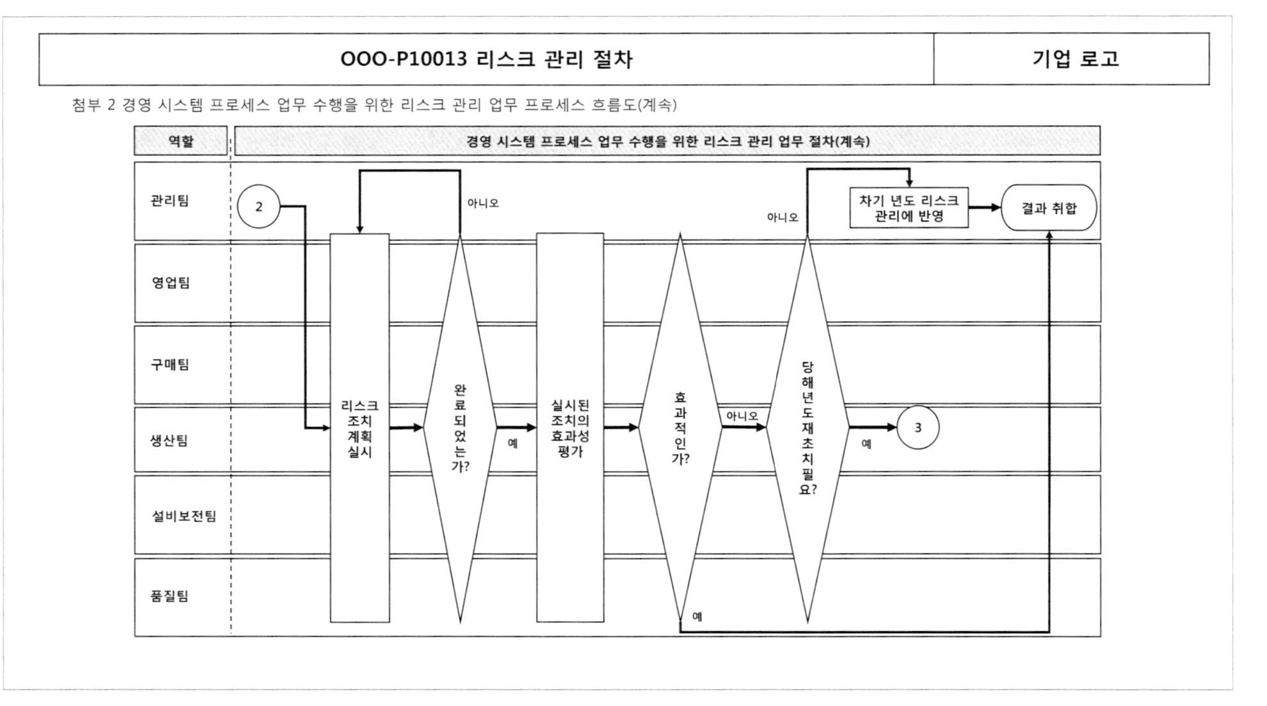

그림 5.3.2 리스크 관리 절차서 17

OOO-P10013 리스크 관리 절차	기업 로고

첨부 3 SWOT 서식

팀:

분석 일자:　　　　　　　　　　코디네이터:

	상황	우선순위		상황	우선순위
내부: Strength			내부: Weakness		
	상황	우선순위		상황	우선순위
외부: Opportunity			외부: Threat		

OOO-P10013-F01

그림 5.3.2 리스크 관리 절차서 18

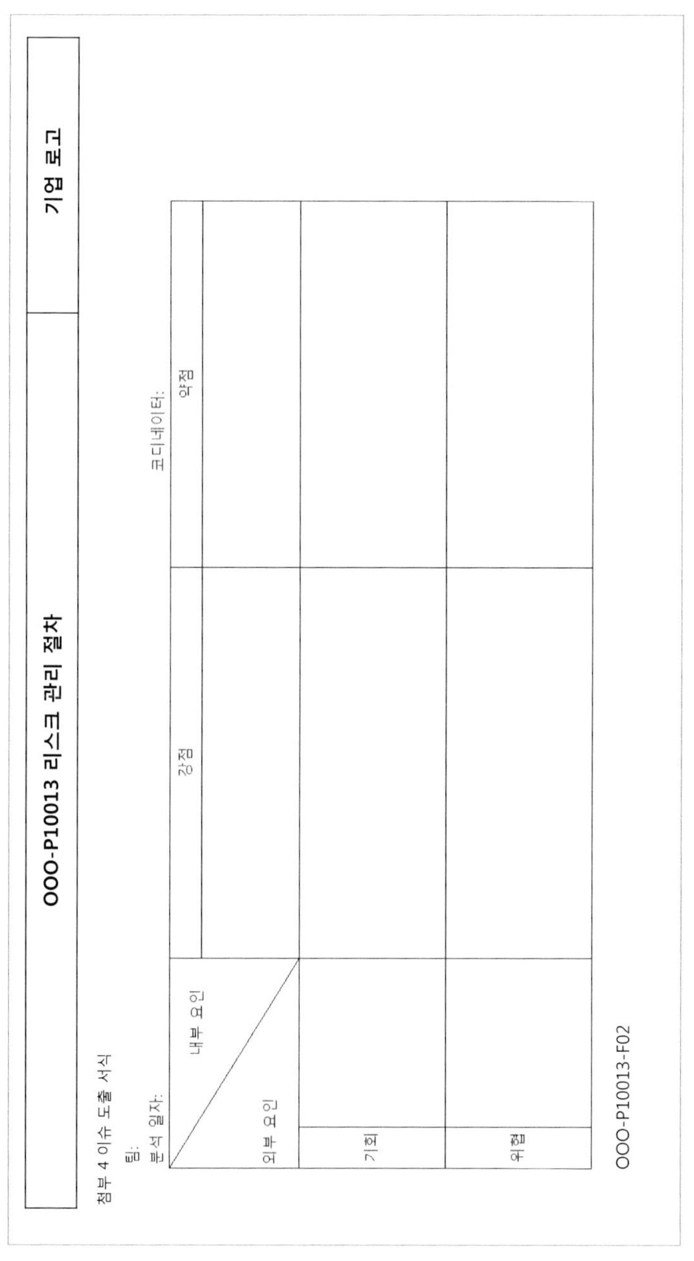

OOO-P10013 리스크 관리 절차	기업 로고

첨부 4 이슈 도출 서식

팀:

분석 일자: 코디네이터:

외부 요인 \ 내부 요인	강점	약점
기회		
위협		

OOO-P10013-F02

그림 5.3.2 리스크 관리 절차서 19

OOO-P10013 리스크 관리 절차	기업 로고

첨부 5 리스크 관리 서식

프로세스 내 활동							현재 조치 현황	현재 리스크 평가				관리 (유지, 감소, 회피)	조치계획	반영		담당자/완료일	조치 후 리스크 평가			
프로세스 번호	프로세스명	프로세스 목표	외부/내부 상황		리스크 및 기회			중요도 (1~5)	발생도 (1~5)	점수 (심각도+발생도)	등급			프로세스	개인 업무		중요도 (1~5)	발생도 (1~5)	점수 (심각도+발생도)	등급
			시장		시장															
			고객		고객															
			이해관계자		이해관계자															
			경쟁사		경쟁사															
			내부		내부															

OOO-P10013-F03

그림 5.3.2 리스크 관리 절차서 20

절차서를 작성할 때에는 사전에 수립된 프로세스 다이어그램과 프로세스 정의서를 고려하여야 한다. 절차서 작성 시 해당 프로세스의 절차 수행을 위한 업무의 단계를 규정하고 단계별 업무 활동의 내용과 방법을 설명한다. 그리고 필요한 경우에는 관련된 다른 절차서와 업무가 어떻게 상호 작용하는지를 설명한다. 사례로 제시한 리스크 관리 절차서에서는 사업 계획 관리 절차서와 경영 검토 절차서와의 상호 연계를 절차서 내에서 규정하였다.

절차서 작성 시 해당하는 프로세스 내에서 정의한 제약 사항과 규정된 리스크를 관리하기 위한 내용을 또한 규정하도록 하여야 한다. 사업 계획 관리 프로세스를 보면 부정확한 정보가 리스크로 규정되어 있다. 리스크 관리 절차서에서 관리팀 리스크 담당자와 팀장이 도출된 이슈와 리스크를 검토하도록 하는 과정이 이러한 부정확한 정보 리스크를 감소시키기 위한 활동을 반영한 것으로 볼 수 있을 것이다.

코스트코의 경우 품질과 브랜드 평판을 바탕으로 구매를 하기 때문에, 절차서 상에 품질과 브랜드 평판을 확인하는 과정이 포함될 것이다. 이러한 사례는 코스트코가 규정한 제약 사항을 실행하기 위해 필요한 것으로, 프로세스 제약 사항을 절차서에 반영한 사례가 될 수 있을 것이다.

또한, 절차서 책임팀 이외의 다른 팀과의 협업 수행을 위한 상호 작용 또한 규정한다. 그리고 해당하는 절차 수행을 위해 필요한 서식 또한 정의하여 첨부해야 한다. 리스크 관리 절차서에서 리스크 관리 서식을 예로 들어보자. 관리팀에서 리스크 관리 서식 없이 절차서 내용만을 가지고 다른 팀에 업무를 수행할 것을 요청한다면, 업무 요청을 받은 팀에서는 해당 절차의 내용만으로는 업무를 수행할 수 없거나 각 팀별로 서로 다른 형식으로 업무를 수행할 것이다. 이 경우 절차 수행의 적합함을 보장할 수 없고, 기업 내에서 수행되는 동일한 업무에 대한 수행 결과가 팀별로 상이해 수행한 업무의 품질이 천차만별이 될 수 있다. 그렇기 때문에 절차 수행을 위한 공통의 서식을 규정하여 사용함으로써 수행된 업무의 품질이 기업의 각 부서에서 동일한 수준으로 수행되는 것을 보장할 수 있어야 한다.

절차서를 작성할 때 절차서의 업무 단계와 업무 수행 활동 내용을 어느 정도까지 구체화해야 한다는 가이드라인은 없으나, 업무를 수행하는 데에 어려움이 없을 정도로는 구체적으로 작성해야 한다. 또한, 절차서는 여러 가지 해석이 가능하지 않도록 명확하여야 하고, 실제로 하고 있고 또 해야 하는 활동이 규정되어야 한다. 5 FORCE나 PEST 분석 등 조직 상황 분석을 위한 다른 방법론이 있다고 하더라도, 기업 구성원이 이해가 부족하거나 실행 방법을 잘 알지 못하는 경우에는 이를 절차서에 포함해서는 안 된다.

절차서를 작성하였으면 해당 절차서의 업무 흐름과 업무 수행 방법에 대해 관련 인원에게 교육을 실시하고, 절차서의 흐름에 따른 업무 수행의 적절성에 대해 관련 인원으로부터 피드백을 받아야 한다. 그런 후에 필요 시 절차서의 내용을 보완하여 절차서를 확정하도록 하는 것이 바람직하다. 이는 해당하는 절차서에 따른 업무 수행에 대해 관련 인원으로부터 공동의 합의를 얻는 과정으로, 절차서가 기업 내에서 구속력을 갖게 되는 과정으로 보면 된다.

절차서의 초안이 작성되어 관련 부서 인원에게 교육을 실시하고, 필요 시 보완 후 합의를 얻어 구속력이 있는 절차서로 승인되는 과정은 기업 규모에 따라서 달라질 수 있으나, 짧게는 1개월에서 길게는 수개월이 걸리기도 한다.

사례로 제시한 리스크 관리 절차서는 'ISO 9001 : 2015 품질경영시스템 요구 사항'에서 신규로 요구되는 사항이다. 기업에서는 필요에 따라 경영 시스템 문서를 수립하기도 하지만, 획득하고자 하는 인증의 요구사항을 준수하기 위해서 경영 시스템 문서에 반영하기도 한다. 그래서 적용하는 국제 표준 문서에서 새롭거나 변경된 요구 사항이 있는 경우, 기업에서는 그 요구사항을 어떻게 반영해야 할지 고민하고 적용해야 한다. 여기에서는 프로세스 정의서와 절차서에 리스크 관리를 추가하였으나, 기업의 필요성에 따라서 프로세스 다이어그램에서부터 리스크 관리 프로세스를 추가하여 관리할 필요도 있을 수 있다. 다국적 기업이거나 사업부가 여러 개인 기업에서는 리스크 관리를 프로세스 다이어그램에서부터 반영할 필요도 있을 것이다. 이렇게 변화가 필요할 경우에는 프로세스 다이어그램부터 시작하여 기업 전체적인 관점에서 어느 부분에서부터 변화를 포함하여야 할지를 고민하고 경영 시스템에 반영하는 것이 필요하다.

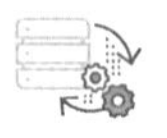

5.4 지침서 수립

절차서를 작성하였으면 해당 절차서에 대해 각 부서에서 지침서가 필요한지 결정하고 지침서를 작성하여야 한다. 만약 절차서에서 여러 부서에서 업무를 수행할 때 공통적으로 내용을 명확히 해야 할 필요가 있는 부분이 있다면, 이는 절차서를 보완하여 절차서 내에서 내용을 명확하게 설명하여야 한다. 리스크 관리 절차서에서 SWOT 분석에 대해 작성된 절차서만으로는 SWOT 분석 수행에 어려움이 있는 경우, 관리팀에서 교육을 실시하는 것도 방법이지만 필요하다고 판단할 경우에는 절차서 내에서 SWOT 분석 과정을 좀 더 구체적으로 설명하는 것이 필요하다.

리스크 관리 절차서 내에서 지침서가 필요한 사례로는, 관리팀에서 이슈 도출을 요청하고, 이슈의 적절성을 파악하고, 이슈를 선정하는 과정이 될 수 있다. 이럴 경우, 관리팀은 해당 업무를 수행하기 위한 지침서를 수립하여 업무를 관리할 수 있을 것이다. 지침서는 오로지 단일 부서 내에서의 업무 수행에 필요한 것으로 단일 부서의 필요성에 따라서 수립된다. 물론, 필요한 경우에는 관련 팀과의 협의 과정을 거쳐서 지침서가 만들어질 수도 있다. 하지만 이 경우에도, 수립된 지침서는 단일팀 내에서의 업무 수행을 위해 만들어진다. 제조 현장의 작업 지침서뿐만 아니라 사무 업무를 위한 지침서를 수립할 경우에도, 공통의 지침서 서식을 수립하여 각 팀에서 사용하도록 하여야 한다. 그렇기 때문에 프로세스 정의서, 절차서, 지침서 그리고 또 다른 표준서가 필요한 경우, 이를 관리하기 위한 서식은 기업의 문서 관리 절차서에서 그 양식이 규정되어 관리되어야 할 것이다.

지침서 중에서 대표적인 사례에는 제조 현장에서 사용하는 작업 지침서가 있다. 작업 지침서는 기업에 따라서는 작업 표준서, 작업 기준서 등 다양한 이름으로 불린다. 작업 지침서는 해당 공정에서 수행되어야 할 업무와 제조되는 제품이 적합함을 보장하기 위하여 관리해야 할 항목을 정의한다. 작업 지침서는 생산팀이라는 단일팀 내에서 업무가 수행되지만, 작업 지침서의 내용 구성에 따라 관련되는 다른 부서가 참여하여 작성할 것이 요구되는 대표적인 사례라 할 수 있다. 제조 현장을 위한 작업 지침서에는 해당하는 공정이 어떤 공정이며, 공정 내에서 수행되어야 하는 업무 절차, 관리 항목, 이상 발생 시 조치 사항, 그리고 안전 또는 환경 관련하여 작업자가 준수해야 되는 내용을 규정한다. 그렇기 때문에 지침서를 작성할 경우에는 관련되는 생산기술팀, 설비보전팀, 품질팀 그리고 필요시 환경/안전팀 등 관련 인원이 함께 참여하여 작성되어야 하는 것이다.

지침서 번호		설비명		작업 지침서	승인정보	작성	검토	승인
공정 번호		품번						
공정명		품명			일자			

설비 도해	작업 순서			작업/설비 조건 점검						
	무엇을 하는가	어떻게 하는가	소요 시간	항목	특별특성	규격	점검방법	수량	주기	관리방법

제품 도해	금형/치공구 관리	자주검사						
		항목	특별특성	규격	검사방법	수량	주기	관리방법
	안전/환경 관련 준수 사항							

일자	개정번호	개정 내용	이상 발생시 조치 사항

그림 5.4.1 지침서 서식

여기서는 지침서의 내용을 포함하지는 않고 빈 서식만으로 지침서의 사례를 제시하고자 한다.

그림 5.4.1의 작업 지침서 서식을 보면 안전/환경 관련 준수 사항이 포함되어 있음을 볼 수 있다. ISO 9001을 기반으로 한 자동차 산업 품질 경영 시스템 인증 표준인 IATF 16949에는, 작업 지침서에 작업자 안전을 위한 관리를 포함하도록 규정하고 있다. 사례 지침서에서의 안전/환경 관련 준수 사항이 이러한 IATF 16949 요구 사항을 반영한 것이라 볼 수 있다. 이렇게 지침서를 수립할 때에는 기업에서 인증받고자 하는 표준의 내용을 이해하여 관련된 지침서에 요구사항을 반영하여 적용하는 것이 필요하다.

5.5 수립된 경영 시스템 문서화 체계

지금까지 프로세스 관리 방법론을 활용하여 기업의 경영 시스템을 간단하게나마 사례를 통해 문서화를 해보았다. 경영시스템 수립 과정은 다음의 순서로 실시된다.

1) 기업의 시나리오 도출 등을 통해서 경영 활동을 파악한다.
2) 기업의 경영 활동을 프로세스로 구분한다.
3) 파악된 프로세스로 기업의 전체 경영 시스템의 거시적인 구조를 파악한다.
4) 프로세스 다이어그램을 활용하여 프로세스의 순서와 상호작용, 그리고 위계 구조를 파악한다.
5) 프로세스 다이어그램을 통해 파악한 프로세스에 대해서, 프로세스 정의서를 수립하여 해당 프로세스가 무엇을 해야 하는지를 정의한다.
6) 절차서를 수립하여 프로세스 정의서를 통해서 파악된 활동을 어

떻게 수행해야 하는지를 정의한다.

7) 필요한 경우, 지침서를 수립하여 각 팀에서 수행되어야 하는 업무를 어떻게 수행해야 하는지를 정의한다.

이러한 단계를 거쳐서 구축한 기업의 경영 시스템을 기업의 문서 관리 체계를 통해서 관리하도록 하는 것이 경영 시스템을 문서화하는 것이다. 뒤에 나올 그림 5.5.1에서 보는 것과 같이, 일반적으로, 기업은 경영 매뉴얼을 통해서 기업의 경영 시스템 범위가 어떻게 되고, 기업이 추구하고자 하는 방향이 무엇인지를 규정하며, 이를 달성하기 위해서 기업이 어떤 프로세스 체계를 가지고 경영 활동을 수행하는지를 프로세스 다이어그램 그리고 프로세스 정의서로 규정한다. 그런 후, 절차서를 통해서 프로세스를 어떻게 수행해야 하는지를 규정하고, 이를 실행함으로써 기업의 경영 활동이 운영된다.

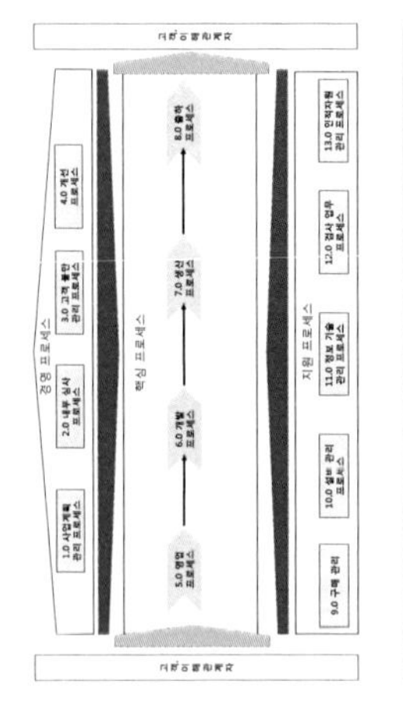

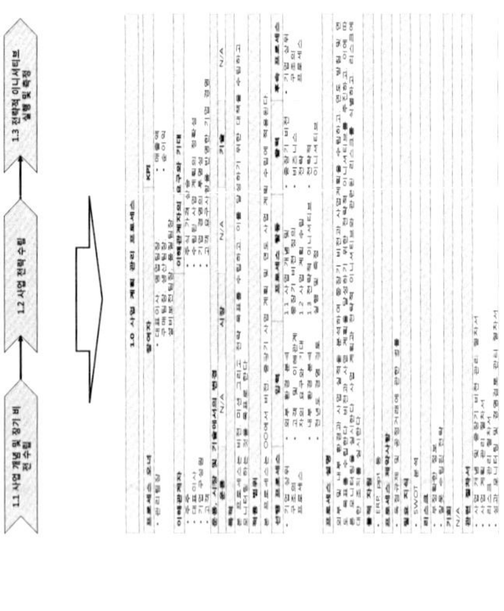

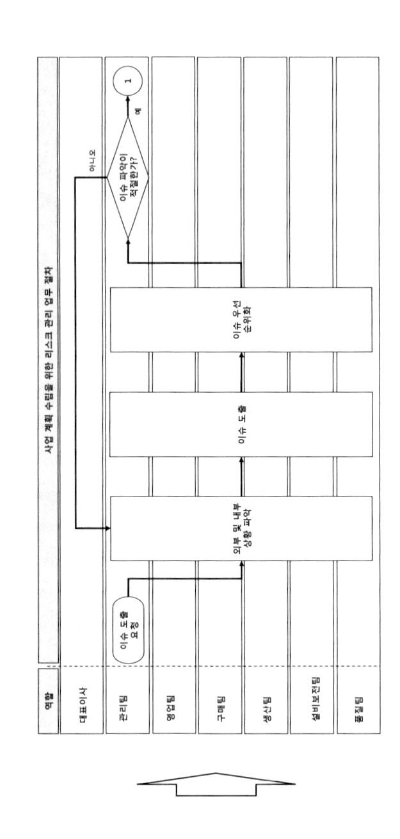

그림 5.5.1 기업 경영 시스템 구축 체계

이를 그림 5.5.2를 통해 좀 더 쉽게 구조화하여 보았다.

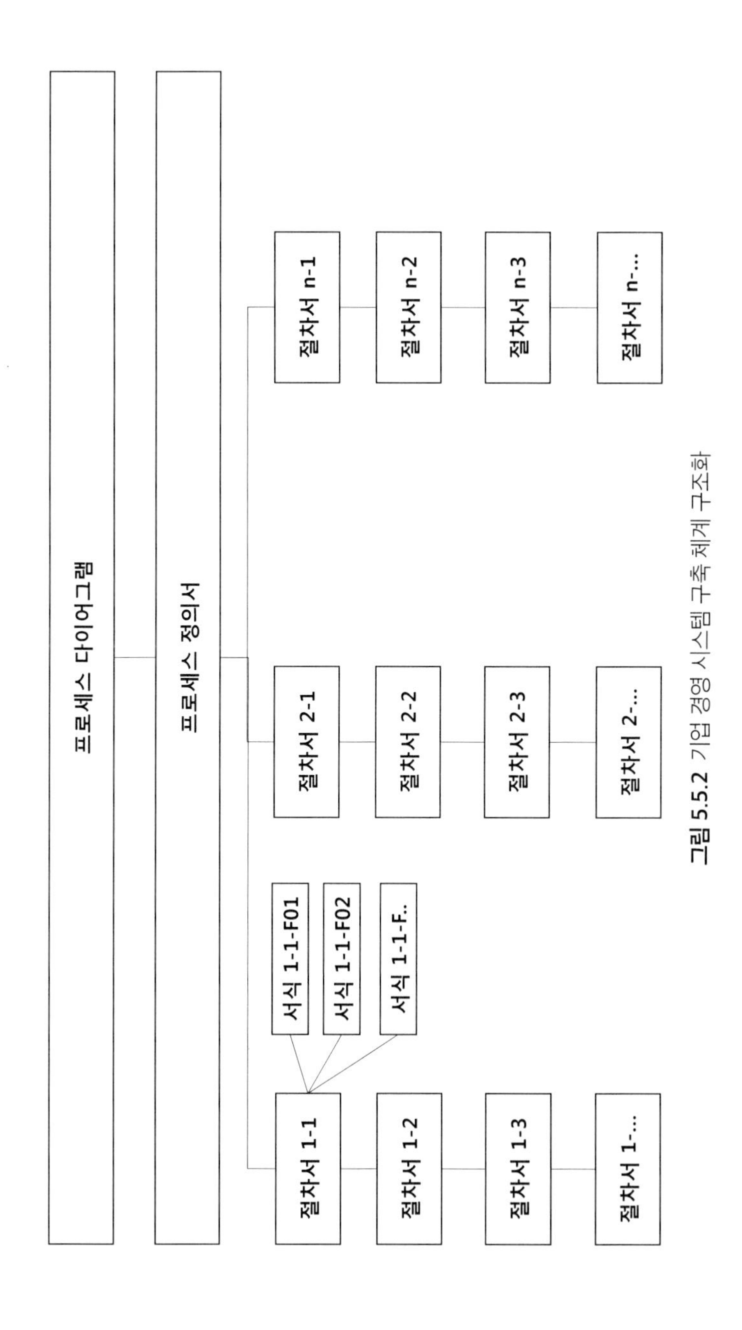

그림 5.5.2 기업 경영 시스템 구축 체계 구조화

그림 5.5.2를 통해서 알 수 있는 것처럼, 기업 경영 시스템의 통합 체계 내에서는 프로세스 다이어그램, 프로세스 정의서, 그리고 절차서가 포함된다. 지침서의 경우, 각 단위 팀에서 팀 내에서의 업무 수행을 위해 수립하는 것으로 기업에서 통합하여 관리하지 않고 각 단위 팀에서 관리한다.

여기에서 왜 프로세스 다이어그램과 프로세스 정의서를 통해 기업 경영 활동에서 무엇을 해야 하는지를 규정하고, 절차서를 통해 그 프로세스를 어떻게 수행하는지를 각각 나누어서 규정하는지 생각해볼 필요가 있다. 무엇을 어떻게 해야 하는지를 단 하나의 문서에 통합하여 규정하는 것이 더 효율적이지 않은가? 다른 누군가가 이미 수립한 것을 더욱 효율적으로 운영하고자 하는 경우에는, 무엇을 어떻게 해야 하는지를 하나의 문서로 관리하는 것이 더 효율적일 수도 있을 것이다.

그러나 무엇을 수행하는지, 그리고 그것을 어떻게 수행하는지를 프로세스 정의서와 절차서로 나누어서 규정하는 것은 경영 활동에 있어서 정확성을 높이는 데 도움이 된다.

커피숍에서 직원을 채용하는 과정을 살펴보자. 커피숍에서의 경영 활동은 단순하게는 고객의 주문을 받아 커피를 제조하고 설거지를 하는 등의 주방 관리 활동과 홀에서 고객에게 서비스를 제공하는 홀 관리 활동으로 나눌 수 있다. 채용을 할 때는 주방 관리 인원을 채용할지 아니면 홀 관리 인원을 채용할지를 먼저 결정한다. 그 후 홀 관리 인원을 채용할 경우, 인원을 채용한 후에 홀 관리 활동을 어떻게 수행하는지를 가르쳐서 업무를 수행할 수 있도록 한다.

기업 경영 활동도 이와 같다. 무엇을 해야 할지를 먼저 정의하고, 그 업무를 어떻게 수행할지를 결정하게 되는 것이다. 그렇기 때문에 경영 시스템을 문서화하는 과정에서도 정확한 관리를 위해 프로세스 다이어그램, 프로세스 정의서, 그리고 절차서를 나누는 것이 바람직하다.

이렇게 경영 시스템 활동을 문서화하여 관리하는 것은 프로세스를 관리되는 조건하에서 실행하기 위한 것이다. 즉 효과적이고 효율적인 업무 수행을 위해 프로세스를 구축하는 것이다. 프로세스 다이어그램과 프로세스 정의서가 부정확하여 기업의 경영 활동을 위한 프로세스가 정확하게 정의되지 않는다면, 이는 기업 경영 활동에서 중요한 프로세스가 수행되지 않거나 수행되더라도 그 프로세스를 실행하는 과정에서 효과성과 효율성이 떨어질 수 있다는 것을 의미한다. 또한, 절차서에서 규정된 업무 절차가 업무를 원활히 수행하기에 부족하게 정의되었다면, 누락된 단계는 제대로 수행되지 않거나 실행할 때 효과성과 효율성이 떨어질 수 있다는 것을 의미한다. 효과성과 효율성이 떨어진다는 것은, 결국 해당 프로세스나 프로세스 단계를 수행하는 과정에서 낭비가 발생한다는 것을 의미하고, 이는 결국 제품 또는 서비스 비용을 불필요하게 상승시킨다. 그렇기 때문에 정확하게 정의된 프로세스와 절차서를 통해서 업무를 수행하는 것이 바로 해당 업무의 효과성과 효율성을 높이고, 수행된 업무의 품질에 대한 신뢰도를 높여줄 것이다.

또 한 가지 중요한 점은, 정의된 프로세스와 절차서를 준수하는 것은 업무가 수행되는 과정을 관리함으로써 제공하고자 하는 제품과 서비스에 대한 신뢰도를 향상시켜준다는 것이다.

제품을 생산하는 부품과 관련하여 신규 공급자로부터 부품을 조달하기로 결정하였을 때, 공급자로부터 부품을 공급받기까지 3개월이 소요된다고 가정해보자. 이러한 프로세스의 과정을 관리하지 않고 3개월 이후에 부품을 공급받았을 때 부품에 문제가 없으면 제품을 생산하는데 아무런 문제가 없을 것이다. 그러나 부품 품질에 문제가 있다면 기업이 제품을 생산할 때 공급자가 부품을 재생산해야 하거나 다른 공급자를 선정해야 하는 등 추가적으로 많은 비용이 발생할 수 있다. 이 경우 신규 공급자 선정 절차서 등으로 공급자 개발 단계를 정하여 단계별로 공급자의 활동을 관리한다면, 3개월 이후에 공급되는 부품에 대해 신뢰성을 높일 수 있을 것이다.

이런 식으로 결과를 얻기 위한 과정을 잘 관리한다면, 더 신뢰성 있는 결과를 얻을 수 있기 때문에 경영 활동에 프로세스 관리를 적용하여 관리하는 것이다.

결국 프로세스 관리를 활용하여 경영 시스템을 구축한다는 것은 기업이 경영활동을 위해 수행하고 있는 프로세스의 정확성을 높여서 프로세스를 실행하는 과정에서 발생하는 낭비를 줄이고자 하는 것이다. 또한, 프로세스를 수행하는데 더 나은 방법이 있다면 이를 다시 기업의 경영 시스템 프로세스에 반영하여 경영 활동을 수행할 때 효과성과 효율성을 증대시키는 것이라 할 수 있다.

지금까지 일부 사례로만 프로세스 관리를 활용하여 경영 시스템을 구축하였다. 전체 문서를 이와 같은 방식으로 수립하면 시간도 많이 걸리고 만들어진 문서의 양 또한 방대할 것이다. 많은 경우 프로세스 정의서, 절차서와 지침서를 만드는 과정은 시간이 많이 걸리고, 지루하며, 때로는 짜증 나는 과정이다. 오히려 현장에 나가서 당장 중요한 업무를 수행하는 것이 더 나을 것 같다는 생각을 할 수도 있다.

또한, 경영 시스템 문서화 체계에서 분류한 문서의 정의를 제대로 이해하고 문서를 작성하는 것도 생각보다는 쉽지 않은 일일 수 있다. 매일매일 업무 중 닥쳐오는 일을 해결하면서 바쁜 시간을 보내고 있다면, 여러 계층으로 나누어진 문서 체계와 각각의 정의를 이해하고자 하는 것조차도 귀찮은 일이 될 수 있다.

그러나 한번 잘 만들어진 경영 시스템 문서 체계는 약간의 변화를 거치기만 할 뿐 10년 이상 그 뼈대가 유지되어 활용되는 것을 감안한다면, 기업 경영 시스템 활동 전체를 문서화하는데 1년 이상의 시간이 소요된다고 하더라도 장기적인 관점에서는 기업 경영에 있어서 더 나은 활동이 될 수 있다.

전체 부서가 높은 수준을 유지하고 있어서 문서화를 요청하는 것만으로도 문서화가 잘 이루어진다면 좋겠으나 현실은 그렇지가 않다. 문서 관리 체계를 담당한 부서가 각 부서별로 일정을 수립하고 검토와 지원 활동을 해나가다 보면, 기업의 경영 시스템 전체를 문서화하는데 1년 이상이 걸릴 수도 있다. 그렇기 때문에 경영 시스템을 기업에 맞게 구축하는 것에는, 경영자나 관리자가 프로세스 관리를 활용한 경영 시스템 구축에 높은 관심을 가질 필요가 있다. 또한 실무 담당자도 경영 시스템 관리에 대한 전문성을 가지고 있어야 하며, 끈기를 가지고 경영 시스템 문서화 활동을 진행해 나가려고 하는 자세가 필요하다.

6

프로세스 관리와 프로세스 자동화

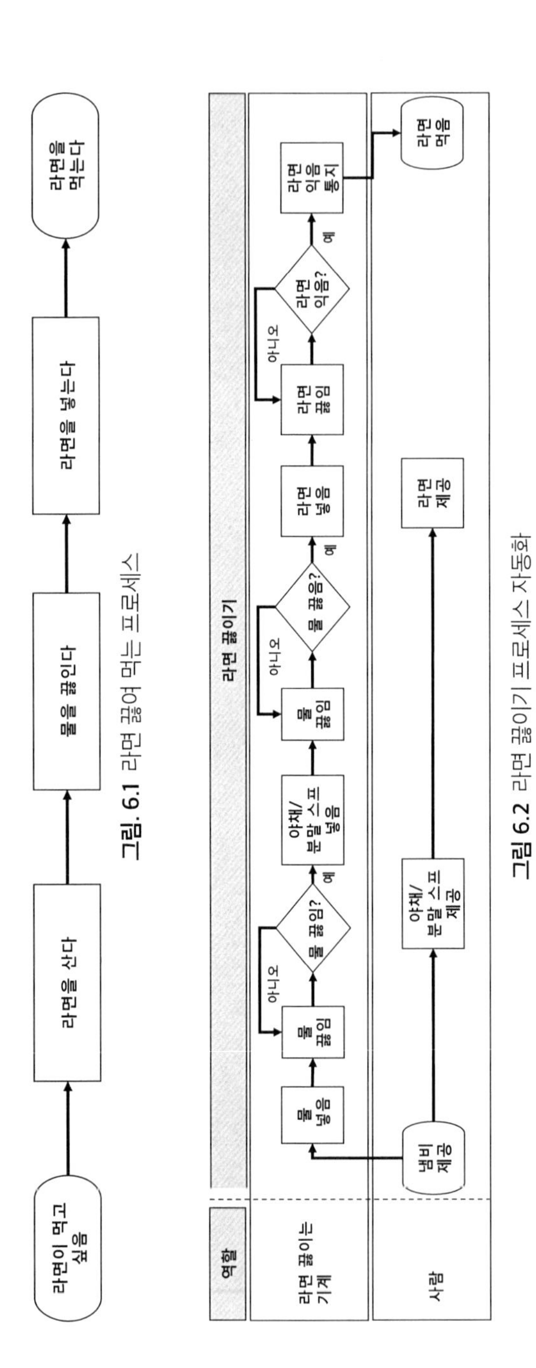

그림. 6.1 라면 끓여 먹는 프로세스

그림 6.2 라면 끓이기 프로세스 자동화

프로세스 자동화를 통해 관리하려는 노력이 프로세스의 정확성을 높이려는 요구를 증가시켜 왔다. 그렇기 때문에 프로세스 내용을 명확히 하고자 하는 니즈의 증대에 프로세스 자동화가 끼친 영향은 크다. 예를 들어 앞서 나온 라면을 끓여 먹는다는 프로세스가 있다고 해보자.

이 책을 읽는 독자라면 그림 6.1의 프로세스만으로도 라면을 끓여 먹는 데에 지장이 없을 것이다. 그러나 라면을 끓이는 프로세스를 자동화 기계를 통해 자동화하였다고 해보자. 그림 6.1의 프로세스만으로 라면을 끓인다면, 우리는 봉지째로 끓여진 라면을 받아 들게 되거나 아예 라면이 끓여지지 않게 될 가능성이 높다.

자동으로 라면 끓이는 기계를 사용하여 라면을 끓여 먹기 위해서는 그림 6.2와 같이 프로세스의 각 단계별 활동을 구체적으로 지정하여야 하고, 원하는 자동화 수준에 맞추어서 사람과 기계의 인터페이스를 관리해주어야 한다.

프로세스를 자동화할 때에는 이렇게 구체적으로 프로세스를 수립하여야 우리가 원하는 결과물을 얻을 수 있다. 소프트웨어 설계자 또한 라면 끓이기 프로세스가 세부적으로 규정되고, 각 단계별로 어떤 활동을 프로그래밍해야 하는지를 알아야 정확하게 프로그래밍할 수 있을 것이다. 이렇게 프로세스를 자동화하는 과정에서 문서화된 프로세스와 실제로 실행되는 프로세스 간의 정확도가 높아야, 자동화한 프로세스가 명확하게 실행이 되기 때문에 프로세스의 정확도가 높아지게 된 것이다.

프로세스를 자동화하기 위해서는 기업이 자동화하기 원하는 프로세스에 대한 요구사항을 프로그램 개발자에게 명확하게 알리고 의사소통해야 한다. 이를 위한 프로세스 모델링 도구로 UML과 BPMN이 있다. UML은 Unified Modeling Language의 약자로, 소프트웨어 시스템을 모델링하기 위해 개발된 것이다. UML은 소프트웨어 시스템뿐만 아니라 비즈니스 시스템을 모델링 하기 위해서도 사용되고 있다. BPMN은 Business Process Modeling and Notation의 약자로, 소프트웨어 기업들로 구성된 협회인 비즈니스 프로세스 관리 전문 단체(BPMI : Business Process Management Initiative)에 의해 개발된 것이다. BPMN은 프로세스 표현에 대한 그래픽적인 표기법을 제공하는 데에 그 목적이 있다.

여기에서는 BPMN에서 프로세스 모델링을 사용하기 위한 기호를 소개하도록 한다.

그림 6.3은 BPMN에서 사용되는 프로세스 모델링 기호로 전체를 포함하지는 않은 것이다. 필요에 따라서 모델링을 위한 기호가 지속적으로 추가되고 있으며 현재도 그림 6.3 이외에 BPMN내에서 더 많은 모델링 기호가 존재한다. UML 또한 BPMN과 비슷한 모델링 기호를 사용하여 프로세스를 모델링 한다. 이렇게 모델링 된 프로세스와 각 활

이벤트 기호

이벤트 시작
이벤트 종료
이벤트 중간:
시작과 종료 사이
메시지
타이머
에스컬레이션
조건부
링크
에러
취소
보정(compensation)
신호
다중
병행 다중
중단

활동 기호

직무(task)
하위 프로세스
트랜잭션
콜

게이트웨이 기호

배타적
사건 기반
병행
통합
배타적 - 사건 기반
복합
병행 - 사건 기반

연결 기호

흐름 순서
메시지 흐름
관계

스윔 레인

역할
고객 견적 대응
고객
영업
개발
품질
생산
생산기술
구매

그림 6.3 BPMN 프로세스 모델링 기호 1

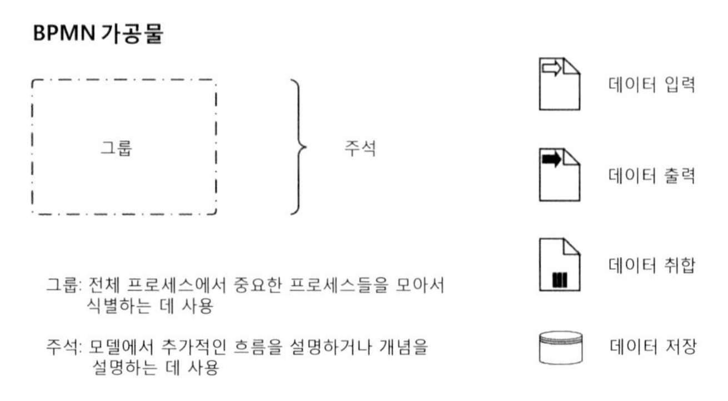

그림 6.3 BPMN 프로세스 모델링 기호 2

동에 대한 기업의 요구사항을 바탕으로, 프로그램 개발자가 소프트웨어 프로그램을 개발하여 프로세스를 자동화하고 있는 것이다.

기업에서 프로세스 관리에 대한 책임을 지고 있는 각 팀 내의 프로세스 실무 담당자가 이러한 모델링 기호를 전부 이해하고 프로세스를 문서화하는 것은 현실적으로 쉽지 않은 일이다. 또한, 기업 내에서 업무를 수행하고 있는 사람들이 문서화된 프로세스를 통해 복잡하게 모델링 된 프로세스를 명확히 이해하고 업무를 수행하는 것도 어렵다. 그렇기 때문에 여기에서는 프로세스를 모델링 할 때 다음과 같이 간략한 고전적인 모델링 기호를 사용하여 프로세스를 수립하였다.

그림 6.4의 프로세스 흐름도 속 기호를 활용하면 매우 적은 프로세스 기호로도 프로세스를 수립할 수 있기 때문에 실무 담당자들이 프로세스를 문서화할 때 상대적으로 쉽고, 기업 구성원도 이해하기가 상

대적으로 더 쉽다.

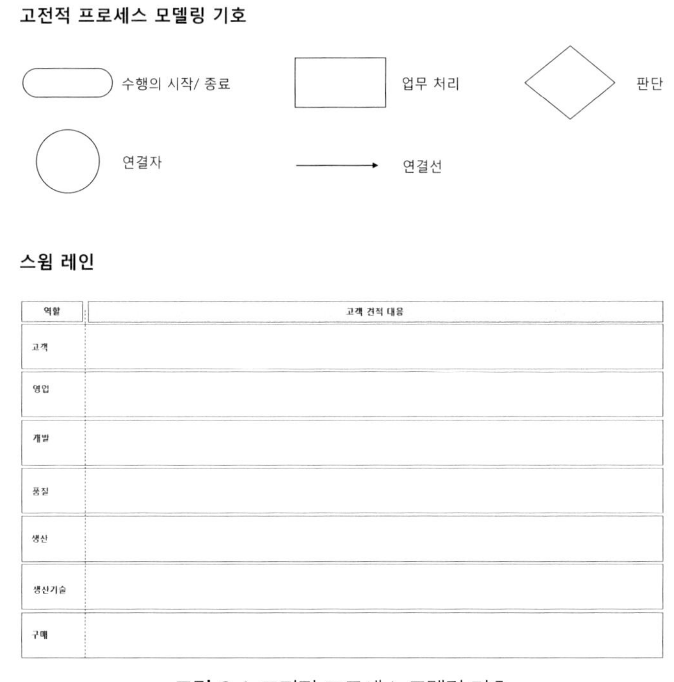

그림 6.4 고전적 프로세스 모델링 기호

프로세스를 자동화함에 있어서도 프로세스 관리자와 프로세스 설계자 간에 전문적인 프로세스 모델링 도구를 활용하여 프로세스를 자동화한다면, 자동화가 요구되는 프로세스가 더욱 효과적이고 효율적으로 구축될 수 있을 것이다. 여기에서는 UML 또는 BPMN을 사용하여 프로세스를 모델링 하지는 않았으나, 프로세스를 자동화할 때 이미 수립되어 있는 프로세스를 바탕으로 UML과 BPMN과 같은 프로세스 모델링 도구를 사용한다면 그 성공 가능성이 더 높아질 것이다.

프로세스는 기업에서 업무를 수행하기 위해 필요한 것이다. 그렇기 때문에 기업에서는 프로세스 관리를 활용하여 경영 시스템을 구축할 때 다음 3가지의 경우를 고려하여 프로세스 관리 방법을 정해야 할 것이다.

1) 프로세스를 구축함에 있어서 프로세스를 수립하는 각 팀의 실무자들이 BPMN 또는 UML 모델링 표기법을 활용하여 프로세스를 구축한다.
2) 프로세스를 구축함에 있어서 BPMN 또는 UML 모델링 표기법을 활용하나, 기업 내에서 품질경영시스템 관리팀에 소수의 전문가를 두고, 이들이 각 팀을 지원하여 프로세스를 수립하도록 한다.
3) 기업 경영 활동에 관한 프로세스를 수립함에 있어서는 간략한 고전적 프로세스 모델링 기호를 사용하여 프로세스를 구축하고, 정보기술팀 또는 프로세스 관리팀에 모델링 전문가를 두고, 자동화가 필요한 프로세스에 대해서는 BPMN과 UML 표기법으로 프로세스를 모델링 한다.

물론 가장 좋은 방법은 각 팀에서 전문가가 있어서 프로세스 관리를 활용하여 경영시스템을 구축할 때 BPMN과 UML를 활용하는 것일 것이다. 그러나 BPMN과 UML 모델링 언어의 난해함과 실무를 수행할 때 프로세스를 수립하는 활동이 그렇게 빈번하게 일어나지 않음을 감안하면, 상기한 1)의 방법은 매우 많은 노력과 비용이 필요할 수 있다. 그렇기 때문에 기업에서는 각 방법의 장단점을 고려하여 BPMN 또는 UML 표기법의 사용을 정의할 필요가 있다.

프로세스를 자동화할 때의 장점은, 프로세스를 자동화함으로써 프로세스를 운용하는데 필요한 비용을 절약할 수 있다는 것이다.

라면 끓이는 기계를 예로 들어보자. 라면 끓이는 기계를 구입하고 라면 끓이는 프로그램을 구축하는데 전부 합쳐서 3백만 원의 비용이 든다고 가정을 하자. 만약 가정집에서 이 기계를 사서 일주일에 2회 정도 라면을 끓여 먹는다고 하면, 1년이 52주이므로 총 104개의 라면을 끓여 먹는다. 라면 끓이는 기계를 1년만 사용한다고 한다면 대략 개당 2만 8천 원 정도의 비용이 라면 끓이는 기계로 인해 발생한다. 이와 비교하여 하루에 라면을 10개씩 파는 음식점에서 라면 끓이는 기계를 사용한다고 해보자. 이 경우 1년을 52주로 계산하면 주당 70개의 라면을 끓여서 총 3,640개의 라면을 끓이게 되며, 대략 개당 824원 정도의 비용이 라면 끓이는 기계로 인해 발생한다.

	가정집	음식점
일		10
주	2	70
1년	104	3640
라면 1개당 기계 비용	2만 8천원	824원

그림 6.5 생산 수량에 따른 자동화 프로세스의 비용 비교

그림 6.5에서 알 수 있듯이, 라면을 끓이는 개수가 점점 더 많아질수록 라면 1개를 끓일 때 라면 기계로 인해 소모되는 비용이 계속하여 줄어듦을 알 수 있다. 이와 같이 프로세스가 반복적이고 대량으로 발생하는 업무를 자동화할 때 그 효과가 더 커짐을 알 수 있다.

또 한 가지 고려할 사항은, 한 번 프로세스를 자동화하면 그 프로세스와 관련해 계속 비용이 발생할 수 있다는 사실이다. 음식점에서 사용하는 라면 끓이는 기계의 경우, 자동화된 라면 끓이는 기계를 도입함으로써 라면을 조리하는 인원을 줄일 수 있을지도 모른다. 하지만 라면 끓이는 기계를 관리하고 고장이 발생했을 때 이를 수리할 수 있는 인원이 필요할 것이고, 라면 끓이는 방법을 개선하여 프로그램을 수정할 필요가 있을 경우에는 라면 끓이는 프로그램을 만들 수 있는 인원을 구하거나 외부의 서비스를 이용해야 할 것이다.

이처럼 프로세스를 자동화할 경우 그로부터 절약되는 비용도 있다. 하지만 프로세스 자동화가 또 다른 비용을 발생시킨다는 것을 고려하여 프로세스를 자동화해야 할 것이다.

7

경영시스템 문서의 지속적 유지

7.1 사업계획과 프로세스 관리

프로세스 관리는 기업의 경영 활동을 위하여 필요한 것이다. 그렇기 때문에 기업이 구축한 프로세스는 기업이 달성하고자 하는 경영 목표를 달성할 수 있는 방식으로 구축되어야 한다. 또한 기업이 획득하고자 하는 인증 표준이 있는 경우에는, 해당하는 인증 표준의 요구 사항 또한 반영하여야 한다. 본서에서 사례로 제시한 리스크 관리 절차서가 바로 이를 반영한 사례이다. 리스크 관리는 ISO 9001 : 2015 버전에서 새롭게 반영된 요구 사항으로, 리스크 관리 절차서를 수립한 것은 기업 내에서 이러한 인증 규격의 요구사항을 충족시키기 위한 것이다.

또한 기업이 사업 계획 수립 활동을 통해서 경영 목표를 선정하였으면, 기업의 각 팀에서는 해당 경영 목표와 관련 있는 프로세스를 검토하여야 한다.

예를 들어 사업 계획에서 기업이 기존 제품으로 신규 시장에 진출하는 전략을 수립하였다고 해보자. 이렇게 기업이 신규 시장에 진출하는 전략을 수립하였다면, 이 전략을 실행하기 위한 책임자가 선정될 것이다. 이 경우에는 영업 팀장이 이 전략을 실행하는 책임자가 될 것이다. 신규 시장에 진출하는 전략을 수립하였다면, 영업 팀장은 대표이사와의 협의를 거쳐 올해 성과 항목과 성과 목표 수준을 결정할 것이다. 대표이사와 성과 항목, 성과 목표 수준이 합의되었다면, 영업 팀장은 팀원들과의 협의를 거쳐 신규 시장 진출을 담당할 담당자를 선정하고 해당 실무자로 하여금 신규 시장 창출 활동을 하게 할 것이다. 그러면 영업팀의 신규 시장 개척 실무자는 나름의 활동 계획을 수립하여 신규 시장 진출을 위한 활동을 실시할 것이다. 그리고 매월 합의된 성과 목표를 모니터링하여 팀장에게 보고하고, 팀장은 다시 이를 대표이사에게 보고하여 선정된 목표를 달성하고 있는지 점검을 실시할 것이다.

대부분의 기업에서는 이렇게 업무를 실시하고 있다. 그리고 기업이 새롭게 수립한 전략과 목표는 성공하기도 하고, 실패하기도 한다.

프로세스 관리를 기업 경영 활동에 적용한 기업에서는, 전략과 목표가 수립되고 난 후 관련 프로세스를 검토한다. 위 예시의 경우에는 신규 시장에 진출하는 것이기 때문에 영업 프로세스나 그 하위 프로세스인 신규 고객 탐색 프로세스에 수립된 목표가 반영될 것이다. 그리고 해당 프로세스 정의서를 검토해 수정하거나 추가해야 할 내용이 없는지를 검토할 것이다.

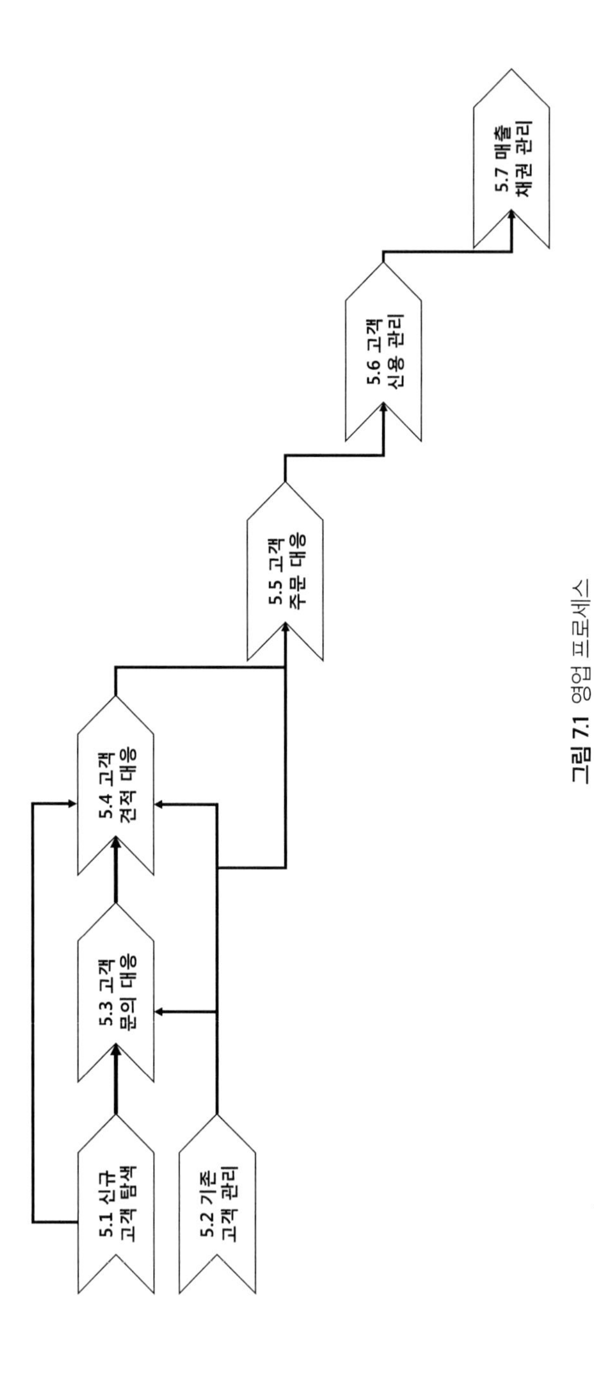
5.0 영업 프로세스
5.1 신규 고객 탐색
5.2 기존 고객 관리
5.3 고객 문의 대응
5.4 고객 견적 대응
5.5 고객 주문 대응
5.6 고객 신용 관리
5.7 매출 채권 관리

그림 7.1 영업 프로세스

그 다음 영업팀 실무 담당자는 관련 절차서를 검토할 것이다. 기업의 목표가 신규 시장에 진출하는 것이기 때문에, 제품 믹스나 가격을 결정하는 과정 자체가 기존 시장에 대응하는 방식과 다를 수 있다. 그렇기 때문에 영업팀 실무 담당자는 절차서를 검토하여 기업 내에서 신규 시장 진출과 관련된 내부 이해관계자가 누구인지를 파악하여야 한다. 또한 내부 이해관계자가 신규 시장 진출과 관련하여 어떤 업무를 지원해주어야 하는지를 파악할 것이다. 그런 후 기존 절차서에서 변경이 필요하다고 판단한다면 영업 팀장과 이를 공유하고 절차서 개정을 위한 계획을 수립할 것이다. 그 후 영업팀 실무담당자는 내부 이해관계자들과의 협의를 거쳐 새롭게 반영해야 할 내용을 절차서에 반영하고 내부 승인 절차를 거친 후 새로운 절차서에 따라서 업무를 수행할 것이다.

팀 내에서 업무 추진 계획을 수립하여 업무를 수행하는 것과 관련되는 프로세스를 개정한 후에 업무를 수행하는 것은 어떤 차이가 있을 것인가? 프로세스에 업무를 반영한 후 업무를 수행하면, 첫째로 팀장과 실무자들이 업무 수행에 대한 명확한 이해를 공유할 수 있다. 팀장이 실무자가 어떤 과정을 거쳐서 업무를 수행하는지를 인식하기 때문에, 실무자가 어떤 업무를 어떻게 수행하고 있는지를 예측할 수 있는 것이다. 두 번째로 관련 부서로부터 적절한 지원을 받을 수 있다. 프로세스 정의서와 절차서에 대한 검토와 개정 과정을 통해 내부 이해관계자들이 누구이고, 내부 승인 과정을 거쳐서 내부 이해관계자들이 어떤 업무를 지원해야 하는지 공식화되었기 때문에 이들로부터 지원받기 훨씬 수월할 것이다. 세 번째로, 경영진이 신규 시장 창출 활동 과정을 모니터링함으로써 업무가 올바르게 실행되고 있다는 신뢰를 얻을 수 있다. 네 번째로 업무를 수행해 나가면서, 필요에 따라 활동을 변경할 수가 있다. 목표 수립 후 절차서를 개정하였다면, 해당 절차서가 신규 시장 창출 활동에 대한 베이스라인이 된다. 신규 시장 창출 활동을 할 때 절차서에 따라 업무를 정의하고 수행한다면 수행하는 업무에 대한 예측 가능성이 높아질 것이다. 결국 처음 수개월 동안의 업무 수행 과정을 통해 계속 그렇게 업무를 수행한다면 설정한 목표를 달성할 수 있는지 없는지를 예측할 수 있게 된다. 만약 목표를 달성할 수 없다면 그 원인을 검토하고 업무 수행 절차를 바꿈으로써 업무 수행 방법을 개선해 나갈 수 있다.

이와 같이 기업이 사업 계획 수립을 통해서 기업이 나아갈 방향을 정한 후, 이를 달성하기 위해 무엇을 해야 하는지를 프로세스 다이어그램과 정의서를 통해서 정의하고, 그 업무를 어떻게 수행해야 하는지 절차서를 통해 정의한 이후에 업무를 수행한다면 기업 경영 활동의 효과성과 효율성을 높이는 데 더 도움이 될 것이다.

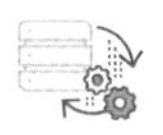

7.2 프로세스 관리를 통한 변화관리 및 지속적 개선 관리

기업 경영 활동을 위해 현재 구축되어 있는 프로세스는, 말 그대로 현재 기업 내에서의 업무들이 어떻게 수행되고 있고 또 수행되어야 하는지를 정의한 것이다. 그렇지만 기업 경영 활동에 있어서 외부 상황뿐만 아니라 내부 상황들 역시 바뀌고 있기 때문에, 기업의 프로세스 또한 그에 맞추어서 개선이 되어야 기업이 지속가능 할 수 있을 것이다. 기업의 경영 활동이 바뀌지 않는다고 하더라도 신규 경쟁자가 출현하거나 기존 경쟁자가 경쟁력을 강화한다면, 변하지 않는 기업은 시장에서 성공하기가 어렵다. 결국 기업이 경영 시스템을 관리하기 위해서 프로세스 관리를 적용하는 가장 큰 이유는 변화에 대응하고 지속적 개선을 위한 것임을 분명히 이해할 필요가 있다.

이번 장에서는 사례를 통해서 기업의 경영 시스템 프로세스가 어떻게 바뀌어 가는지를 살펴보도록 하겠다.

몇 년 전 필자는 지인들과 함께 시골 식당에서 점심 식사를 한 적이 있다. 당시 식당에는 4개의 테이블이 있었는데, 우리가 점심을 먹었을 때에는 모든 테이블에 손님이 있었다. 우리가 마지막까지 식사를 했는데, 테이블 회전율이 높지 않아서 그 이후에 손님이 들어오지는 않았다. 점심시간에 4개의 테이블이 1회전 하는 것으로 점심 장사가 종료되는 것이다. 그런데 점심시간에 4개의 테이블이 모두 찬 적이 드물었던지 서빙하시는 분의 실수가 잦았다. 우리 테이블에는 수저 한 세트를 제때 서빙하지 않았고, 옆 테이블에는 공기밥을 한 개 덜 제공했으며, 또 다른 테이블에는 된장찌개를 제때 제공하지 못했다. 4개의 테이블에서 총 3번의 서비스 오류가 발생한 것이다. 우리 일행은 그 식당의 음식이 맛있었기 때문에 서비스가 개선되면 장사가 더 잘되지 않을까 하는 생각을 했다. 아무리 맛이 있어도 서비스가 계속 이런 상태를 유지한다면 다시 올지 모르겠다는 생각을 했다.

이 식당을 점점 더 발전시키면서 변화 관리와 지속적 개선 관리를 어떻게 해야 할지에 대해 생각을 해보도록 하자.

어느 날 이 식당의 주인이 음식을 서비스하는 과정에서 오류 발생이 잦았고, 이로 인해 고객의 불만이 늘어나서 손님이 이 식당을 더 이상 오고 싶어 하지 않는다는 것을 알게 되었다. 문제점을 더 자세히 알기 위해서 식당 주인은 음식 제공 관리 프로세스를 검토하기 위해서 '오류로 인해 서비스를 다시 제공하는 일'의 발생 건수를 모니터링 하기 시작했다.

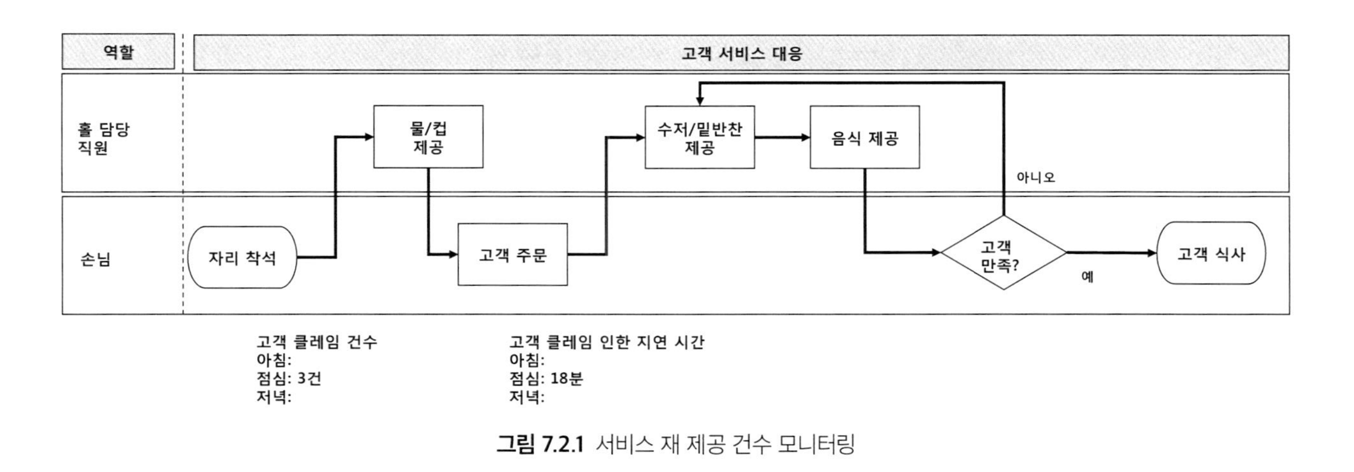

그림 7.2.1 서비스 재 제공 건수 모니터링

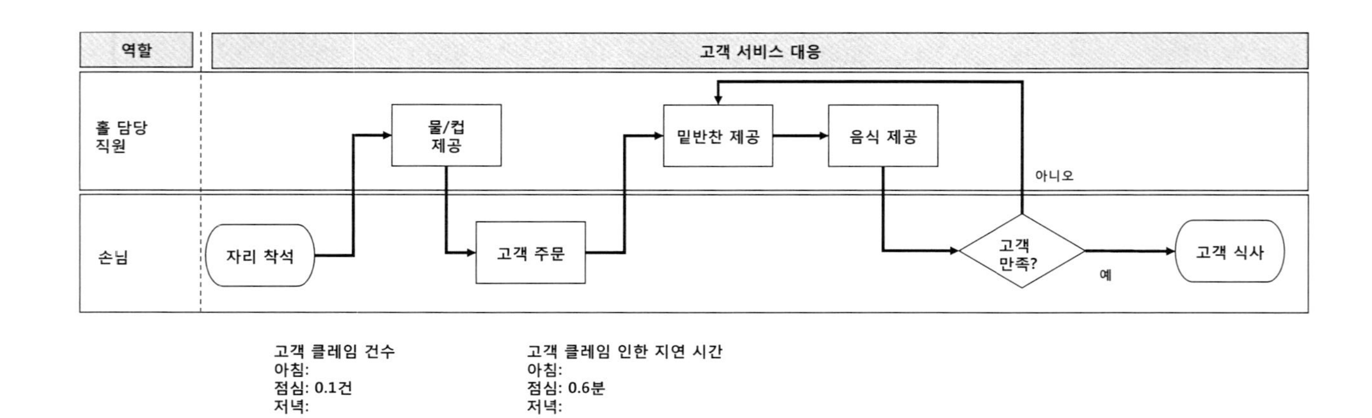

그림 7.2.2 개선 후 고객 클레임 건수 모니터링

식당 주인이 서비스 제공 오류를 모니터링 한 결과, 매일 점심시간 클레임으로 인해 서비스를 다시 제공하는 건수가 평균 3건, 그리고 그로 인한 고객 응대 지연 시간이 매일 평균 18분 발생하는 것으로 나타났다. 이 문제를 해결하기 위해 홀 담당 직원의 업무를 관찰하고 홀 담당 직원과 인터뷰한 결과, 밑반찬을 제공할 때에 수저도 같이 준비하여 제공하기 때문에 준비가 바빠서 오류가 발생하는 것으로 파악되었다. 식당 주인은 이를 개선하기 위해 수저를 미리 수저통에 준비하여 홀 담당 직원이 별도로 수저를 제공하지 않는 방향으로 개선하고 성과를 모니터링 해보았다.

그림 7.2.2와 같이 미리 수저를 테이블 위 수저통에 넣어두고 수저를 별도로 제공하지 않는 것으로 프로세스를 개선한 후 프로세스 성과를 모니터링 하였더니 고객 클레임 건수가 일평균 0.1건으로 줄었다. 또한 고객 클레임으로 인한 지연 시간이 일평균 0.6분으로 감소한 것으로 나타났다. 식당 주인은 프로세스를 변경함으로써 개선된 성과에 매우 만족하였다. 이 식당의 음식 맛은 꽤 괜찮은 편이었기 때문에, 서비스가 개선되었다는 입소문으로 인해서 이 식당을 찾는 손님이 많아졌다.

이로 인해서 점심식사 시간 동안 차례를 기다리는 손님도 생겼고, 음식을 먹고 나가는 손님과 음식을 먹으러 들어오는 손님이 겹쳐서 식당 안이 복잡해지는 문제가 발생하였다. 식당 주인은 현재의 프로세스에서 식당에 서 있는 손님의 수와 손님이 서서 기다리는 시간을 모니터링 하기로 하였다.

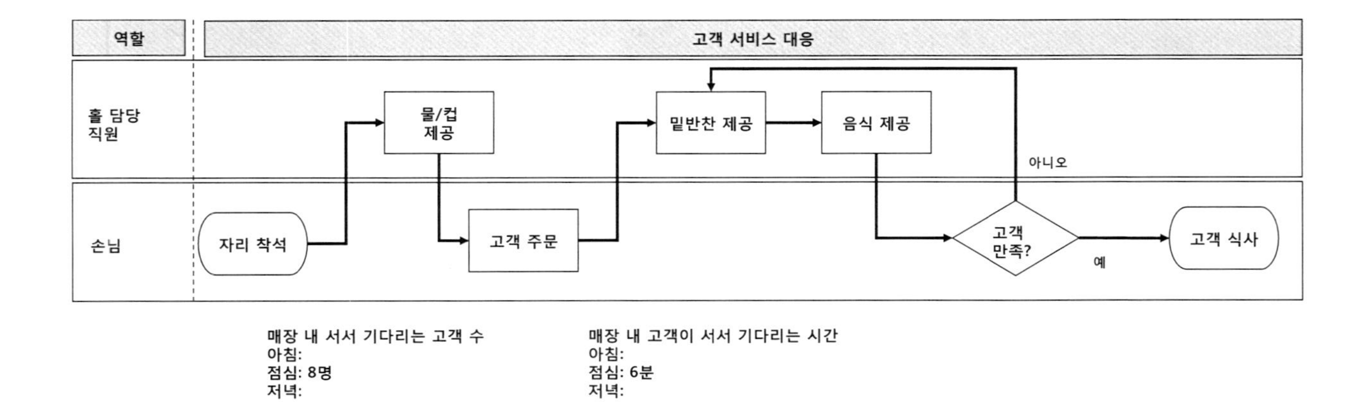

그림 7.2.3 매장 내 서서 기다리는 고객 모니터링

매장 내에서 서서 기다리는 고객을 모니터링 한 결과 일 평균 8명의 고객이 서서 기다리며, 기다리는 시간은 평균 6분으로 나타났다. 현재 이에 대해 불만을 제기하는 고객은 없으나, 이 상태를 그냥 내버려 둔다면 불만을 가지는 고객이 발생할 것으로 예상이 된다. 식당 주인은 이를 개선하기 위해 손님이 식사를 마치고 나가면 테이블을 정리한 후에 손님이 식탁에 착석하는 것으로 프로세스를 개선하였다.

그림 7.2.4와 같이 고객 대기 프로세스를 변경하였더니 매장 내에서 서서 기다리는 고객은 없었다. 덕분에 쾌적한 분위기에서 손님이 식사를 할 수 있는 분위기가 형성되었다. 이렇게 식당의 서비스가 개선되자 이 식당을 방문하는 고객 수가 더 많이 늘어났고, 그 결과 매장 밖에서 기다리는 고객이 점점 늘어나게 되었다. 제조 및 서비스 산업에서 '현재 능력으로는 고객에게 제품 또는 서비스를 제공하지 못하고 대기하는 것'을 Back Order라고 부른다. 식당 주인은 고객들 중에서 아는 손님과 지인들을 인터뷰하여서 고객이 평균적으로 30분 정도는 대기할 수 있다는 것을 파악했다. 식당 주인은 고객 대기 시간을 줄이고자 주방과 매장에 직원을 한 명씩 늘리는 것을 검토하였다. 그래서 친척 2명에게 부탁하여 며칠 동안 식당 일을 도와줄 것을 요청하였다. 식당에서 근무하는 인원을 2명 늘려서, 3명이 근무하던 것을 5명으로 늘리고 그 판매량을 비교하였더니 표 7.2.1과 같았다.

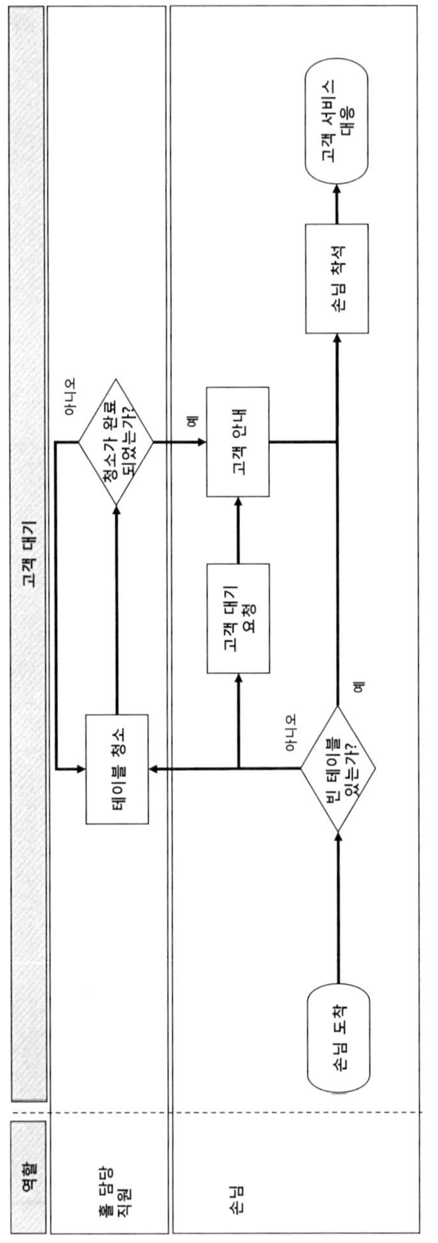

매장 내 서서 기다리는 고객 수
아침:
점심: 0명
저녁:

매장 내 고객이 서서 기다리는 시간
아침:
점심: 0분
저녁:

그림 7.2.4 고객 대기 프로세스 변경

구분	3명 근무			5명 근무		
	1인분 가격	판매 인분	총 매출	1인분 가격	판매 수량	총 매출
일 평균	8,000원	40인분	32만원	8,000원	65인분	52만원

표 7.2.1 직원 증가 시 매출액 비교

장사를 한 후에 매출을 비교하였더니 매출액 20만 원 증가가 가능한 것으로 파악되었다. 2명의 인건비 증가분과 더 많은 재료를 구입하고 준비하는 시간을 고려한 결과, 현재 매장에서 인원을 더 증가시켜도 발생하는 이익이 그다지 크지 않은 것으로 파악되었다. 식당 주인은 현재 수준으로 장사를 계속할지, 아니면 더 큰 매장으로 이전하여 판매량을 더 늘릴 것인지를 고민하였다.

식당 주인은 고객 서비스 제공을 더 원활히 하고, 더 많은 음식을 고객에게 제공하기 위해 더 큰 매장으로 이전하였다. 매장을 이전한 이후에도 계속 많은 고객이 이 식당을 찾았기 때문에, 식당 주인은 손님 대기를 관리하는 인원을 추가로 더 고용하고 대기표를 활용하여 고객 대기를 관리하는 것으로 프로세스를 변경하였다.

식당 사례를 통해 프로세스 변화 및 개선 관리의 기본적 흐름을 제시하였다. 실제 기업은 인원이 더 많고 실제 업무가 더 복잡할 수 있으나, 기본적인 운영 방식은 사례를 통해서 알 수 있듯이 유사한 점이 많다.

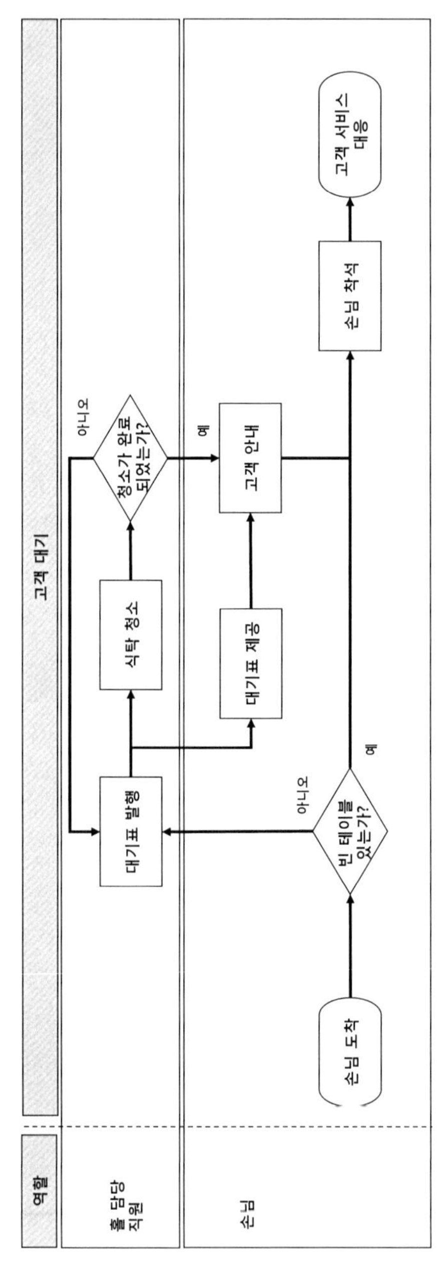

그림 7.2.5 고객 대기표를 활용한 고객 대기 프로세스

프로세스는 현재의 경영 활동 방식을 표현한 것으로, 현재에 한해서 최선의 방법이다. 그러나 외부의 상황과 내부의 상황이 지속적으로 변화하기 때문에, 기업이 지속가능 하기 위해서는 프로세스의 문제점을 파악하고 개선이 필요한 사항을 도출하여 지속적으로 경영 활동을 개선, 이를 경영 프로세스에 반영해야 한다. 이렇게 프로세스를 활용하여 경영 활동을 관리하는 것이야말로 기업 경영에 있어서 중요한 요소라고 할 수 있다.

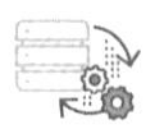

7.3 프로세스 관리를 통한 경영 활동 비용 관리

기업이 경영 활동을 함에 있어서, 프로세스 관리를 통해 경영 활동을 수행하는 것이 목표를 달성할 때 효율성과 효과성을 높이는 방안이라고 설명한 바가 있다. 기업 경영 활동의 효과성은 원하는 목표가 달성되었는지 아닌지를 파악함으로써 알 수 있다. 그러면, 기업 경영 활동의 효율성은 어떻게 확인할 수 있는가?

프로세스와 절차서는 현재의 경영 활동을 설명한 것이다. 그리고 활동은 비용을 발생시킨다. 그렇기 때문에 프로세스와 절차서가 잘 정의되었다면 해당 업무를 수행함에 있어서 발생하는 비용을 파악할 수 있다.

고객 견적 대응 프로세스를 다시 한번 살펴보도록 하자.

그림 7.3.1에서 수립한 고객 견적 대응 프로세스가 실제로 수행되고 있는 업무를 잘 파악하고 있다면, 이러한 프로세스를 통해서 고객 견적 대응 프로세스에 소요되는 비용을 파악할 수 있다.

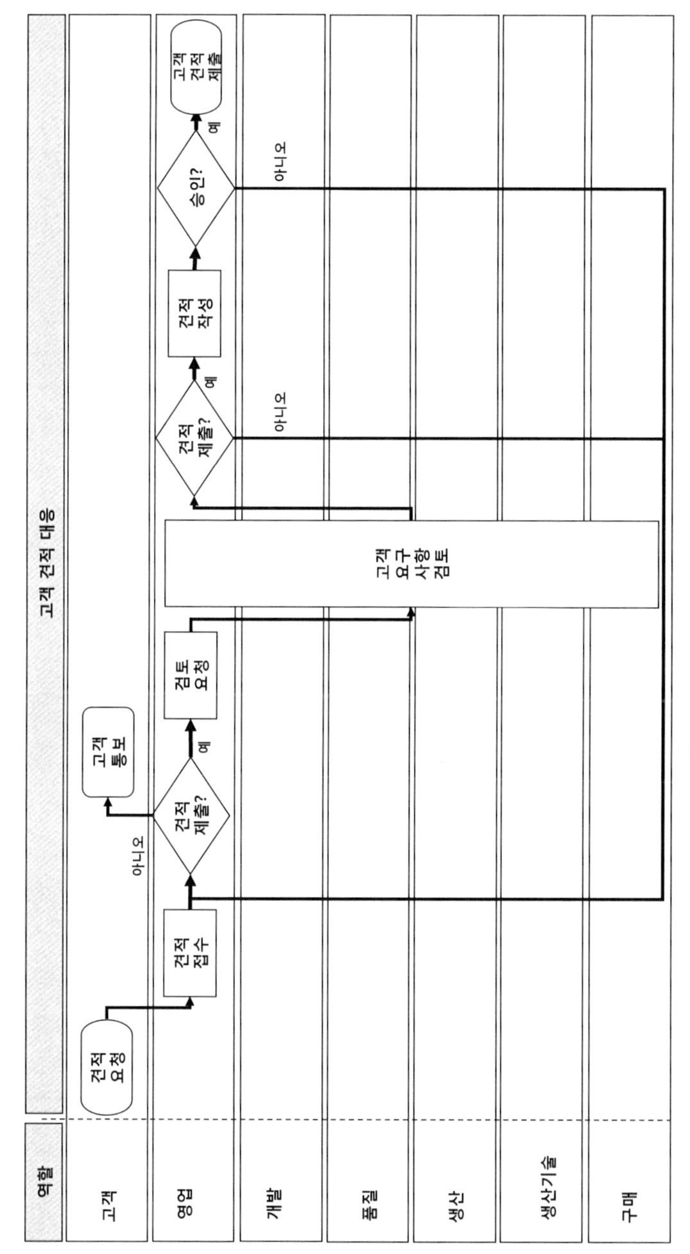

그림 7.3.1 고객 견적 대응 프로세스

구분	실무				팀장			
	인원수(명)	인당 평균 소요 시간(hr)	인당 평균 시급(만원)	소요 비용 (만원)	인원수(명)	인당 평균 소요 시간(hr)	인당 평균 시급(만원)	소요 비용 (만원)
견적 접수	1	1	2	2				0
견적 진행 검토	2	3	2	12	2	3	4	24
견적 검토 요청	1	1	2	2				0
고객요구사항 검토	7	3	2	42				0
견적 제출 결정	2	3	2	12	2	3	4	24
견적 작성	1	6	2	12				0
견적 승인	1	2	2	4	1	2	4	8
고객 견적 제출	1	1	2	2				0
누계	16	20	16	88	5	8	12	56

표 7.3.1 고개 견적 대응 프로세스의 비용

표 7.3.1의 고객 견적 대응 프로세스 비용은 1건당 고객 견적 대응 프로세스 활동에 참여하는 인원과 평균적인 소요 시간을 파악하여 비용을 산출한 것이다. 표 7.3.1에서 알 수 있듯이, 고객에게 견적을 제출할 때마다 평균적으로 144만 원의 비용을 사용하고 있다. 만약 기업이 한 달에 10건의 고객 견적 대응 활동을 하고 있다면 연간 비용은 17,280만 원이 된다. 현재, 고객 견적 대응 프로세스 중에서 고객 요구사항 검토가 가장 많은 인원이 할당되어 있고, 인당 평균 소모 시간 역시 3시간으로 가장 길다. 이 프로세스가 가장 많은 비용을 발생시키고 있는 것이다. 이를 1시간만 줄인다고 하더라도 연간 고객 견적 대응 비용은 줄어들 수 있다. 고객 요구사항 검토 시간을 3시간에서 2시간으로 단축시켰을 때의 비용은 뒤에 나올 표 7.3.2와 같다.

고객 요구 사항 검토 시간을 평균적으로 1시간 단축시켰을 때, 견적 1건당 소요 비용은 126만 원이 된다. 동일하게 한 달 평균 10건의 견적 대응 활동을 하고 있다면, 연간 비용은 15,120만 원이 되어서 2,160만 원의 비용이 감소함을 알 수 있다. 교육을 통해서 영업팀 담당자의 역량을 향상시키고 고객 요구 사항을 검토할 때 관련자들이 모여서 협의를 하도록 하여 검토 시간을 단축시킨다면, 전체적으로 절감되는 비용이 추가적으로 요구되는 비용보다 더 클 것이다. 이를 통해 비용도 절감될 뿐만 아니라 효과성도 더 증가시킬 수 있다. 이렇게, 프로세스 활동에 소요되는 비용을 파악하고, 이를 개선해 나간다면 기업이 프로세스의 효율을 더 높일 수 있을 것이다.

구분	실무				팀장			
	인원수(명)	인당 평균 소요 시간(hr)	인당 평균 시급(만원)	소요 비용 (만원)	인원수(명)	인당 평균 소요 시간(hr)	인당 평균 시급(만원)	소요 비용 (만원)
견적 접스	1	1	2	2				0
견적 진행 검토	2	3	2	12	2	3	4	24
견적 검토 요청	1	1	2	2				0
고객요구사항 검토	7	2	2	28				0
견적 제출 결정	2	2	2	8	2	3	4	24
견적 작성	1	6	2	12				0
견적 승인	1	2	2	4	1	2	4	8
고객 견적 제출	1	1	2	2				0
누계	16	18	16	70	5	8	12	56

표 7.3.2 고객 요구 사항 검토 시간 단축 후 고개 견적 대응 프로세스의 비용

더 나아가 프로세스 다이어그램과 프로세스 정의서, 그리고 절차서를 통해서 가장 높은 수준의 프로세스 업무 수행을 위해 소요되는 비용 또한 산출해 낼 수 있다.

뒤에 나올 그림 7.3.2의 사업계획 관리 프로세스를 보면, 사업 계획 프로세스는 '사업 개념 및 장기 비전 수립', '사업 전략 수립' 및 '전략적 이니셔티브 실행 및 측정' 프로세스로 이루어져 있다. 그리고 각각의 프로세스는 프로세스 업무 수행을 규정한 절차서에 따라 업무가 수행될 것이다. 그 결과 우리는 각 절차서에 정의된 활동들에 소요되는 시간과 비용을 산출할 수 있다. 이를 사업계획 관리 프로세스 내에서 합산하면, 사업계획 관리 프로세스를 운용하기 위해 소요되는 비용을 알 수 있다. 이처럼 기업 경영 프로세스의 순서와 상호작용, 그리고 위계 구조를 파악하는 것은 기업의 효율성 관리에 의미 있는 활동임을 알 수 있다.

이러한 과정을 전체 프로세스에 대해서 전개하면, 우리는 뒤에 나올 그림 7.3.3의 기업 상위 구조 프로세스에서 정의한 프로세스별로 업무 수행 활동 과정 중 발생하는 비용을 파악할 수 있을 것이다. 이를 통해 우리는 기업의 경영 활동 중 비용이 균형 있게 사용되고 있는지도 확인할 수 있다. 이렇게 비용을 산출하였을 때, 개선 프로세스를 위해 사용한 비용이 적다면 기업의 개선 활동이 미흡하여 장기적인 경쟁력에 영향을 미칠 수도 있다. 이럴 경우에는 개선 활동에 직원들이 좀 더 집중할 수 있도록 함으로써 기업의 경쟁력을 강화하는 활동을 수행하도록 결정할 수도 있다.

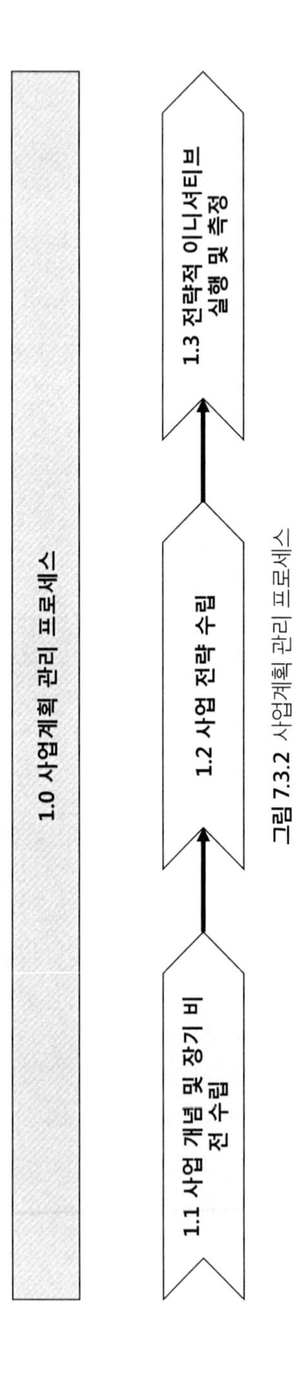

그림 7.3.2 사업계획 관리 프로세스

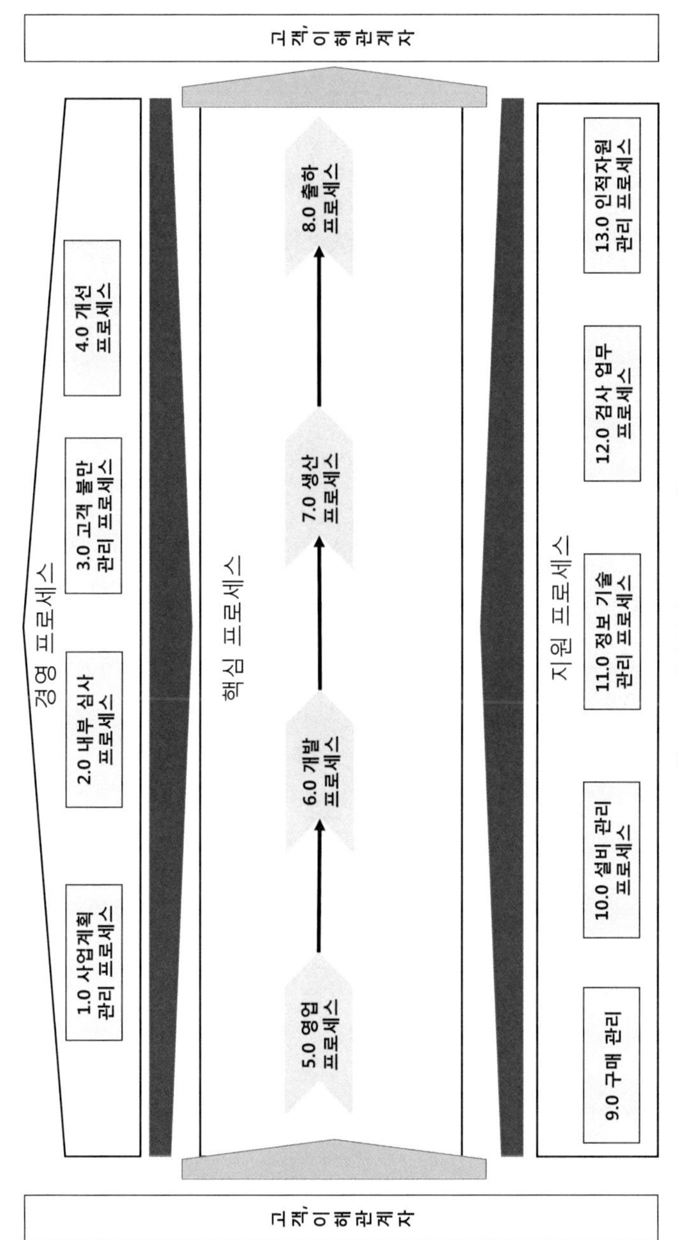

그림 7.3.3 기업 상위 구조 프로세스

이렇게 기업의 활동에서 소요되는 비용을 파악하는 것은 회계에서의 비용 관리와는 성격이 다르다. 그렇기 때문에 프로세스에서 발생하는 활동 비용에 대해 충분한 경험과 이해를 가지지 않고 관리 회계와 연계하여 활동 비용을 관리하는 것은 무리가 있다. 충분한 경험과 지식을 얻기 전까지는 이렇게 활동 비용을 관리함으로써 효율성과 효과성을 향상시킬 수 있도록 활동 비용을 관리하는 것이 바람직할 것이다.

프로세스 비용 관리에 대한 경험과 지식이 부족할 때에는 기업의 경영 시스템 프로세스 중에서 문제가 있는 프로세스로부터 분석을 시작하는 것이 바람직할 것이다. 문제가 되는 프로세스에 소모되는 시간과 비용을 분석하여 프로세스를 운영하는데 시간이 부족한지, 역량이 부족한지 또는 불필요한 부분에 시간을 많이 소비하고 있지는 않은지를 파악하여 개선을 실시해 나가야 한다. 그렇게 하면 프로세스 비용 관리에 대한 경험과 지식을 쌓을 수 있을 것이다.

8

프로세스 관리를 활용한 경영 시스템 구축의 의의

프로세스 관리는 기업 경영 활동을 함에 있어서 기업이 수립한 목표를 달성하기 위해 기업이 무엇을 해야 하는지를 정의하고, 정의된 활동을 어떻게 수행하고 있는지를 관리하기 위해서 사용하는 것이다. 그렇게 때문에 프로세스는 기업이 현재 활동하고 있는 모습을 보여준다. 또한 프로세스는 '의도된 결과를 만들어내기 위해 입력을 사용하여 상호 관련되거나 상호 작용하는 활동의 집합'으로 정의되나, 이를 경영 시스템에 반영하기 위해서는 경영 시스템 체계 내에서 사용할 문서를 정의하고 기업 구성원이 활용할 수 있도록 경영 시스템을 구축하여야 한다. 때문에 실제 경영시스템에 프로세스 관리를 적용하고 구축할 때 문서화 체계가 상당히 복잡한 체계와 정의를 가지게 된다. 그럼에도 불구하고 프로세스를 잘 정의하고 관리하면, 기업 경영 성과와 연계된 경영 활동 관리에서 많은 이익을 누릴 수 있을 것이다.

기업이 수립한 경영 전략과 관련하여 프로세스를 수정하거나, 프로세스 비용 관리를 통해서 프로세스 활동 비용을 절약하도록 하는 것이 그러한 것들이다.

또한 프로세스 관리를 통해서 기업이 추구하는 가치가 충족되도록 할 수도 있다. 거기에 더해서 기업이 핵심 역량을 파악하고 프로세스 관리를 통해 핵심 역량에 집중하는 것을 통해 기업의 경쟁력을 더욱 향상시킬 수도 있다. 나아가 기업 구성원들에게 프로세스를 활용한 업무 관리라는 문화를 정착시킴으로써 기업이 더욱 견고하게 지속가능하도록 할 수 있을 것이다. 물론 이를 위해서는 프로세스 관리의 목적과 필요성, 그리고 관리 방법에 대한 기업 구성원들의 이해를 높일 필요가 있다.

그럼에도 불구하고, 프로세스는 한계를 가진다. 기업 경영 활동을 프로세스 관리를 활용하여 문서화함으로써 현재 기업의 경영 활동 모습을 파악할 수 있고, 외부와 내부 이해관계자에게 경영 활동에 대한 신뢰성을 줄 수 있다. 그러나 이것을 문서화를 통해 관리해야 하기 때문에 문서 체계 선정과 문서화를 진행할 때 표현상의 제약이 있을 수도 있고, 기업 경영의 전체 모습을 담지 못할 수도 있다.

또한 프로세스는 현재의 모습을 담고 있기 때문에 지속적인 개선이 필요하다는 인식이 부족할 경우 프로세스 관리가 기업 경영에 실제적으로 별 도움이 되지 않을 수도 있다. 이러한 제약 요인들을 염두에 두면서 기업 경영 활동에 프로세스 관리를 적용한다면 기업 경영 활동의 효과성과 효율성을 높일 수 있을 것이다. 그렇기 때문에 많은 글로벌 기업들이 프로세스 관리의 중요성을 인식하고 기업 경영 활동에 프로세스 관리를 적용하는 것이다.

프로세스 관리라는 것은 이미 완성되어 있는 것이 아니라, 꾸준히 진화해 나가는 것이다. 때로는 산업 사회에서의 개선 활동을 통해서 프로세스 관리가 개선되기도 하고, 산업 사회에서 발생한 문제점에 대한 시정 조치를 통해서 프로세스 관리가 개선되기도 한다.

다음의 레고 사례를 살펴보자.

<사례 2>

레고는 블록을 서로 끼워 맞추어 완성품 장난감으로 만들도록 하는 어린이 장난감으로 유명한 기업이며 덴마크 빌룬드에 본사를 두고 있다. 레고는 고유의 장난감 블록에 대한 특허를 바탕으로 안정적으로 어린이 장난감 시장에서 명성을 유지하는 기업이었다. 그러다가 1988년 레고의 블록 장난감에 대한 특허가 종료되면서, 레고 블록에서 레고 상표가 붙은 것을 제외하고는 모든 기업이 자유롭게 레고와 동일한 블록을 제조하여 판매할 수 있었다. 그리고 IT 산업의 발전과 더불어 소니와 닌텐도와 같은 IT 기기 장난감이 고속 성장을 하면서 레고는 어린이 장난감 시장에서의 지속가능성에 위기감을 느끼게 되었다. 이러한 위기를 극복하기 위해서 레고는 다양한 분야에서 혁신을 전개해 나갔다.

제품 측면에서 혁신을 추진한 사례 중 하나가 2002년도에 출시된 '갤리도어'이다. 갤리도어는 블록을 완전히 배제한 장난감으로, 레고에게는 매우 낯선 것이었다. 갤리도어는 2001년 레고가 스타워즈 라인의 성공에 힘입어 자체 캐릭터를 만들고 TV 프로그램 시리즈와 함께 제품을 출시하면 성공할 수 있다는 확신 하에 추진한 혁신 프로젝트이다. 레고는 갤리도어 성공에 대한 낙관론을 바탕으로 예상 판매치를 높이고 유통망에 재고를 많이 깔았다. 그러나 야심 차게 추진한 TV 프로그램 시리즈가 실패하면서 갤리도어는 할인 코너에 배치되는 제품이 되었으며, 출시 1년 만에 시장에서 사라졌다.

당시 레고는 유사한 제품으로 성공을 막 거둔 바이오니클 제품군이 있었다. 그런데 레고는 바이오니클이 성공을 거두자 갤리도어도 성공할 것이라는 확신을 가지고 바이오니클의 성공 사례로부터 아무것도 벤치마킹하지 않은 채 서둘러 갤리도어를 출시하였다. 바이오니클과 갤리도어를 나란히 출시함으로써 갤리도어를 아무도 찾지 않는 상품으로 만들어 버린 것이다.

또한 당시의 최고경영자는 2~3년마다 새로운 레고 랜드를 개장하고 레고 스토어를 300개 열면 레고가 다시 최고의 위치에 설 수 있을 것으로 판단하였다. 그러나 레고 랜드는 빌룬드에서만 흑자를 낼 뿐, 캘리포니아와 독일에서 새롭게 문을 연 레고 랜드는 적자를 기록하게 되었다. 그리고 급격한 레고 스토어 확장 정책은 기존의 유통 업체들에게 심각한 위협으로 다가왔다. 현재 레고 랜드의 경우, 레고가 아닌 영국의 멀린 엔터테인먼트 그룹에 의해 운영되고 있다.

레고는 가능한 전 영역에 걸쳐서 혁신을 추진하였다. 그러나 검증되지 않은 TV 프로그램에 주요 제품의 운명을 맡기거나 유통 사업과 놀이공원 사업을 동시에 성공시킬 수 있다고 생각한 것이 착각이라는 사실을 알아차리기에는 레고의 시야가 너무 좁았다. 레고는 혁신을 착수할 때에 단계적 접근법을 취해야 위험을 줄일 수 있다는 것을 잊었던 것이다.

레고는 2000년 중반 이후로 프로세스 관리에 있어서 가장 모범 사례로 기억되는 기업 중 하나이다. 기업 경영 활동을 프로세스 중심적으로 운영하면서, 레고는 2000년대 초반의 파산 위기에서 벗어났을 뿐만 아니라, 높은 수준의 순이익을 기록하면서 기업 지속가능성을 향상시키고 있다.

그러나 어려움을 겪을 당시의 레고는 프로세스 관리와는 연계되지 않은 절차(즉, 과정 자체)를 중시하고 많은 혁신 활동을 수행하면서 외부 업체와의 협업으로 혁신 활동을 추진하기도 하였다. 그러나 레고 스스로가 해당 분야에 전문성이 없기 때문에 외부 업체의 활동에 거의 영향력을 발휘하지 못하거나 프로젝트의 진행 방향을 잘못된 방향으로 인도하였다. 또한 혁신 활동의 신속성만을 중시하여 리스크 관리의 중요성을 무시하였다. 이러한 실패를 통해서 레고는 프로세스 관리를 위해서는 지식이 필요하고, 리스크를 관리해야 할 필요성을 인식하였다.

ISO 9001 : 2015년 개정판에서 중요한 개정 내용 중에 리스크 관리와 지식 관리가 있다. 앞서 언급한 레고의 사례가 ISO 9001 표준에 리스크 관리와 지식 관리가 왜 포함되었는지를 설명하는 대표적인 사례가 될 것이다. 레고는 제품 측면에서 갤리도어의 실패를 학습 교훈으로 삼아, 레고 프렌즈와 레고 엘프 제품군에서는 단계적 접근법을 활용하였다. 레고 프렌즈의 경우 여자아이들을 위한 블록 장난감 제품으로서 꾸준히 성공을 이어오고 있다.

사실 레고의 외부 상황 이해와 리스크 관리, 그리고 지식 관리의 미흡 문제를 최고경영자나 고위 경영자 개인의 자질 문제로 돌릴 수도 있다. 그러나 경영 시스템 운영에 프로세스 관리를 적용한다면, 이러한 문제들을 프로세스 문제로 파악하는 것이 중요하다. 그 후 문제의 원인을 찾아서 개선 대책을 프로세스에 반영하고 관리하는 것이 경영 시스템에 프로세스 관리를 적용하는 의의라 할 수 있다. 발생한 문제를 개인의 자질 탓으로 돌리게 되면 동일한 문제가 다시 발생할 수도 있다. 그러나 이를 시스템에 반영한다면 동일한 문제는 다시 발생되지 않을 것이다.

프로세스 관리를 활용한 기업 경영 시스템 관리가 중요한 것은 기업의 활동 대부분이 서로 다른 팀과의 협업에 의해서 이루어지기 때문이다. 물론 구매팀이나 영업팀처럼 각 기능이 전문성을 가지고 각 팀만으로 수행하는 업무도 많이 있다. 그러나 프로세스 관리를 적용하면 각 기능팀의 주 업무라고 하더라도 다른 팀의 지원이 있어야 관련 업무를 효과적이고 효율적으로 수행할 수 있다는 것을 이해하게 된다.

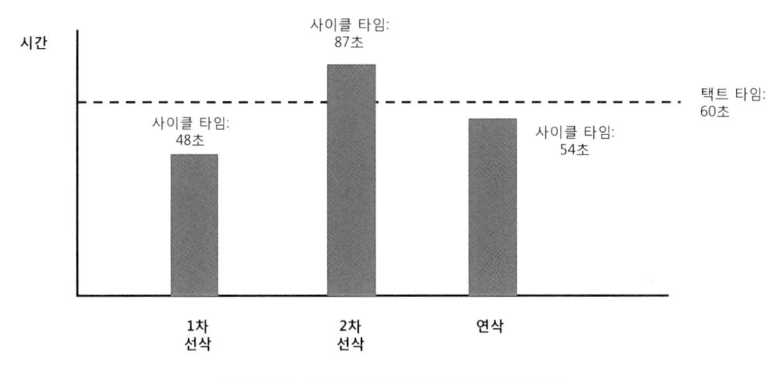

그림 8.1 제품 생산에서의 사이클 타임

그림 8.1을 보자. 그림 8.1에서 제품 생산에 요구되는 택트 타임은 60초이다. 생산되는 공정에서 1차 선삭과 연삭은 택트 타임을 충족시키나, 2차 선삭이 택트 타임을 충족시키지 못한다. 이는 제품 생산에 문제가 있음을 의미하며, 2차 선삭에서의 사이클 타임을 감소시켜야 한다. 그렇지 않으면 요구하는 판매량에 맞춰서 제품을 생산할 수가 없고, 1차 선삭 이후에는 재공품이 쌓이고 연삭 공정에서는 작업을 하지 않는 대기 시간이 발생할 것이다.

각 기능 팀이 협업하여 프로세스를 수행한다면, 프로세스 수행도 이와 동일할 것이다. 기업에서 제품을 생산할 때 품질 문제가 지속적으로 발생하여 이에 대한 개선 활동을 한다고 해보자.

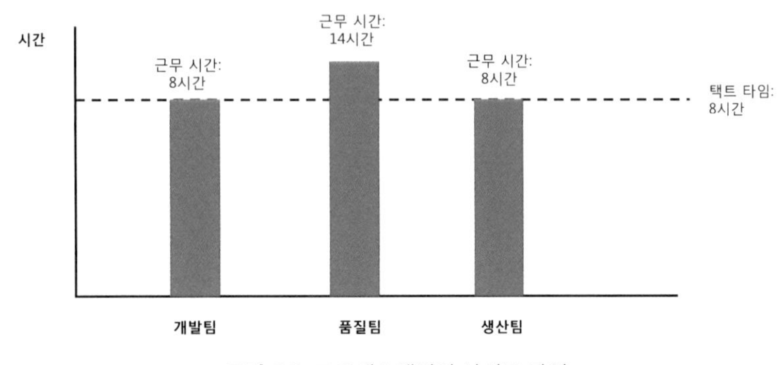

그림 8.2 프로세스에서의 사이클 타임

그림 8.2를 보면 품질팀의 근무 시간이 가장 긴 것을 알 수 있다. 품질 문제 개선을 위해 품질팀에서 작성한 제품 분석 결과 보고서가 필요하다고 할 경우, 최대 14시간을 기다려야 보고서가 작성된다는 것을 알 수 있다. 또한 품질팀의 근무 시간이 길다는 것은 품질팀 내에서 수행해야 하는 업무가 많음을 의미할 수도 있다. 품질팀 내에서 품질과 관련된 업무 자체가 주요 수행 업무이기 때문에 품질팀의 업무가 가장 중요하다고 판단하여 품질팀의 업무를 우선적으로 수행한다면, 품질 문제 개선 업무는 더 길어질지도 모른다. 그렇기 때문에 프로세스 관리가 기업 경영에 실제적으로 도움이 되기 위해서는, 프로세스 관리에 대한 이해도 중요하지만 프로세스 관리를 활용하여 업무의 부하를 파악하여 각 기능팀의 업무 부하도 평준화하는 것이 중요하다. 이를 통해 기업 경영 활동에 있어서 업무의 예측 가능성을 높이고 지속적으로 효율성을 향상시키기 위한 노력이 집중될 수 있는 것이다.

마지막으로 필자는 프로세스 관리를 통해서 기업 활동이 체계적이고, 신뢰성 있게 운영되며, 지속적 개선 활동을 통해서 기업 성과를 개선하기를 바란다. 또한 이 책이 그 과정 속에서 활용되었으면 하는 바람을 가져보면서 이 책을 마무리하고자 한다.

참고문헌

1. 『경영의 진화』, 스튜어트 크레이너 지음, 송일 감수, 박희라 옮김, 더난출판, 2011
2. 『경영의 탄생』, 에드워드 러셀 월림 지음, 김영규 옮김, 더난출판, 2013
3. 『경영전략』, 장세진, 박영사, 2014
4. 『경영정보 시스템』, Paige Baltzan 지음, 고석하, 김태성, 권순동, 서동백, 송대진, 최상현 옮김, 생능, 2016
5. 『도요타의 원가』, 호리키리 도시오 지음, 현대자동차 글로벌경영연구소 옮김, 구자옥 감수, 한국경제신문, 2017
6. 『레고 어떻게 무너진 블록을 다시 쌓았나』, 데이비드 로버트슨, 빌 브린 지음, 김태훈 옮김, 해냄, 2016
7. 『린 경영 혁신』, 남영학 저, 미래와 경영, 2009년
8. 『린 생산』, 제임스 P. 워멕, 대니얼 T 존스, 대니얼 루스 지음, 현영석 옮김, 한국린경영 연구원, 2007
9. 『비즈니스 프로세스』 정승렬, 이정규 지음, 한빛아카데미, 2018
10. 『비즈니스 프로세스 관리』, 한관희, 최상현 공저, 한경사, 2013년
11. 『비즈니스 프로세스 컨설팅 핸드북』, 비에른 아네르센 지음, BPM연구회 옮김, 이앤비플러스, 2009
12. 『BPMN 2.0 비즈니스 프로세스 모델링 입문』, Thomas Allweyer 저, 박주영 역, dbBADA, 2010
13. 『작업표준』 나고야 QS 연구회 지음, 김은숙 옮김, 한국표준협회 미디어, 2016
14. 『품질경영』, James R. Evans, William M. Lindsay 저, 이창원, 권영훈, 박병화, 유태종, 이돈희, 이상식, 이홍희 옮김, 한경사, 2015

15. 『BPM CBOK』, Connie Moore 외, ABPMP, 2015
16. 『BUSINESS PROCESS MANAGEMENT(PRACTICAL GUIDELINES TO SUCCESSFUL IMPLEMENTATION』, JOHN JESTON, JOHAN NELIS 저, ROUTLEDGE, 2014
17. 『IATF 16949 자동사산업 생산 및 관련 서비스 부품 조직을 위한 근본적인 품질경영시스템 요구사항』, IATF 저, IATF, 2016
18. 『ISO 9000 품질경영시스템 - 기본사항과 용어』, ISO 저, ISO, 2015
19. 『ISO 9001 품질경영시스템 - 요구사항』, ISO 저, ISO, 2015
20. 『ISO 9004 Quality management - Quality of an organization - Guidance to achieve sustained success』, ISO 저, ISO, 2018
21. 『ISO/TR 10013 품질경영시스템 문서화 지침』, ISO 저, ISO, 2011
22. 『THE COMPLETE BUSINESS HANDBOOK(BODY OF KNOWLEDGE FROM PROCESS MODELING TO BPM VOLUME 1)』, Mark von Rosing, August-Wilhelm Scheer, Henrik von Scheel 저, MORGAN KAUFMANN, 2015
23. 『THE ULTIMATE GUIDE TO BUSINESS PROCESS MANAGEMENT』, THEODORE PANAGACOS 저, THEODORE PANAGACOS, 2012